U0573585

艺术汉语
——音乐篇

王洋 主编

吉林大学出版社

·长春·

图书在版编目（CIP）数据

艺术汉语．音乐篇 / 王洋主编． -- 长春 ： 吉林大
学出版社， 2024. 5. -- ISBN 978-7-5768-3318-8

Ⅰ．H195.4

中国国家版本馆 CIP 数据核字第 2024BP6022 号

书　　名：艺术汉语——音乐篇
　　　　　YISHU HANYU ——YINYUE PIAN

作　　者：王　洋
策划编辑：邵宇彤
责任编辑：周　鑫
责任校对：赫　瑶
装帧设计：寒　露
出版发行：吉林大学出版社
社　　址：长春市人民大街 4059 号
邮政编码：130021
发行电话：0431-89580036/58
网　　址：http://www.jlup.com.cn
电子邮箱：jldxcbs@sina.com
印　　刷：河北万卷印刷有限公司
成品尺寸：185mm×260mm　　16 开
印　　张：8.25
字　　数：107 千字
版　　次：2024 年 5 月第 1 版
印　　次：2024 年 5 月第 1 次
书　　号：ISBN 978-7-5768-3318-8
定　　价：58.00 元

版权所有　　翻印必究

目 录

第一课　古典时期的钢琴作品（一）　　001
　　课文一：贝多芬和他的交响曲　　001
　　课文二：华彩乐段　　004

第二课　古典时期的钢琴作品（二）　　009
　　课文一：莫扎特和钢琴协奏曲　　009
　　课文二：奏鸣曲、协奏曲和交响曲　　012

第三课　浪漫时期的钢琴作品（一）　　017
　　课文一：肖邦的玛祖卡　　017
　　课文二：舒曼的夜曲　　020

第四课　浪漫时期的钢琴作品（二）　　025
　　课文一："钢琴之王"李斯特　　025
　　课文二：匈牙利狂想曲　　028

第五课　基本钢琴演奏技巧（一）　　033
　　课文一：视奏　　033
　　课文二：钢琴演奏技巧（一）　　036

第六课　基本钢琴演奏技巧（二）　　041
　　课文一：钢琴演奏技巧（二）　　041
　　课文二：音乐符号　　044

第七课　基本小提琴演奏技巧（一）　　049
　　课文一：持琴的方法　　049
　　课文二：运弓的技巧　　052

第八课　基本小提琴演奏技巧（二）　　057
　　课文一：揉弦　　057
　　课文二：拨奏　　060

第九课　外国歌剧（一）　　065
　　课文一：歌剧起源和组成　　065
　　课文二：图兰朵　　068

第十课　外国歌剧（二）　　072
　　课文一：咏叹调介绍　　072
　　课文二：今夜无人入睡　　075

第十一课　中国歌剧（一）　　079
　　课文一：新歌剧介绍　　079
　　课文二：白毛女　　082

第十二课　中国歌剧（二）　　086
　　课文一：中国第一部抒情歌剧介绍　　086
　　课文二：伤逝　　089

第十三课　外国民谣　　094
　　课文一：民歌与民谣　　094
　　课文二：乡村民谣的演唱特点　　097

第十四课　中国民歌　　102
　　课文一：中国民歌分类　　102
　　课文二：茉莉花　　105

第十五课　中国民歌演唱技巧（一）　　110
　　课文一：气息的运用　　110
　　课文二：咬字吐字　　113

第十六课　中国民歌演唱技巧（二）　　118
　　课文一：唱腔　　118
　　课文二：形体表演　　121

第一课 古典时期的钢琴作品（一）

📖 课文一：贝多芬和他的交响曲

老师：今天我将给同学们介绍**贝多芬**。

学生：老师，是"**交响曲**之王"贝多芬吗？

老师：是的。贝多芬一生创作了许多交响曲、**奏鸣曲**等。

学生：老师，我最喜欢他创作的《命运交响曲》了。

老师：这是贝多芬创作的最为著名的作品之一。

学生：这首交响曲也称为 c 小调第五交响曲。

老师：你们知道这首交响曲有多少个**乐章**吗？

学生：有四个乐章。

老师：对的，既有**快板**乐章，也有**行板**乐章。

学生：这首交响曲富有**艺术感染力**。

贝多芬	Bèiduōfēn；*n.*；Ludwig van Beethoven，German composer	快板	kuàibǎn；*n.*；allegro
		行板	xíngbǎn；*n.*；andante
交响曲	jiāoxiǎngqǔ；*n.*；Symphony	艺术	yìshù；*n.*；art
奏鸣曲	zòumíngqǔ；*n.*；Sonata	感染力	gǎnrǎnlì；*n.*；power to influence
乐章	yuèzhāng；*n.*；Movement		

音乐家贝多芬

▌ 注释

给……介绍……

give sb. introduce to sth./sb.

介词"给"引出动作所涉及的对象。介词"给"前面的名词性成分，是动作的发出者，即施事。"给"后紧跟的成分是施事所发出的对象。

（1）老师给孩子们介绍中国的历史。

（2）老师给学生们介绍新来的同学。

既有……也有……

There are both...and...

表示二者包含，都有的意思。

（1）这里既有好吃的水果，也有美丽的风景。

（2）花园里既有红色的玫瑰花，也有黄色的菊花。

练一练

1. 用所给汉字完成词语

曲	乐	板	术	力

（　　）曲　　　　　　　乐（　　）　　　　　　（　　）板

（　　）术　　　　　　　（　　）力

2. 选择合适的词语完成句子

A 创作　　B 喜欢　　C 介绍　　D 富有　　E 著名

（1）这是贝多芬创作的最为（　　）的作品之一。

（2）我最（　　）贝多芬创作的《c 小调命运交响曲》了。

（3）今天老师给同学们（　　）了贝多芬。

（4）这首交响曲（　　）强烈的艺术感染力。

（5）这首交响曲是谁（　　）的？

📖 课文二：华彩乐段

老师：同学们，你们听说过**华彩乐段**吗？

学生：老师，它是一个音乐**术语**？

老师：对的。它指**歌剧**的末尾**独唱者即兴**的段落。

学生：**莫扎特**、贝多芬的作品中有华彩乐段吗？

老师：有，很多**作曲家**都有自己的华彩乐段。

学生：它是作品的独立部分吗？

老师：它虽有独立的特点，却是作品的一部分。

学生：我听过**协奏曲**乐章的最后有华彩乐段。

老师：对的。这时**乐队**会暂停演奏，由**独奏者**完成。

学生：这对独奏者的**演奏技巧**要求很高啊！

华彩乐段	huácǎi yuèduàn ; *n.* ; cadenza		作曲家	zuòqǔjiā ; *n.* ; composer
术语	shùyǔ *n.* ; terminology		协奏曲	xiézòuqǔ ; *n.* ; concerto
歌剧	gējù ; *n.* ; opera		乐队	yuèduì ; *n.* ; band
独唱者	dúchàngzhě ; *n.* ; soloist		独奏者	dúzòuzhě ; *n.* ; soloist
即兴的	jíxìng ; *adj.* ; impromptu		演奏	yǎnzòu ; *v.* ; to play a
莫扎特	Mòzhātè ; *n.* ; Wolfgang Amadeus			musical instrument
	Mozart，Austrian composer		技巧	jìqiǎo ; *n.* ; skill

演唱华彩乐段

▌注释

虽有……却是……

although...but... 或 even though...yet...

英语中一般用 although 开头，表示转折。

（1）她虽有较好的面容，心灵却是残缺的。

（2）今天虽有太阳，温度却是很低的。

对……要求＋很＋形容词（高/低）

To...put forward the higher（lower）request

介词"对"引出要求很（高或低）的对象。

（1）老师对同学们的学习要求很高。

（2）妈妈对女儿的钢琴练习要求很高。

练一练

1. 用所给汉字完成词语

家 演 者 队 奏

（　　）家　　　　　　演（　　）　　　　　　　　（　　）者

（　　）队　　　　　　（　　）奏

2. 选择合适的词语完成句子

A 听说　　B 要求　　C 暂停　　D 即兴　　E 独立

（1）你们（　　）过华彩乐段吗？

（2）它虽有（　　）的特点，但却是作品的一部分。

（3）这对独奏者的演奏技巧（　　）很高啊！

（4）歌剧的末尾独唱者（　　）发挥的段落。

（5）这时乐队会（　　）演奏，由独奏者完成。

练习

1. 熟读下列词语

贝多芬　交响曲　奏鸣曲　乐章　快板　行板　艺术　感染力　华彩乐段

音乐术语　歌剧　独唱者　即兴　莫扎特　作曲家　协奏曲　乐队　独奏者

演奏技巧

2. 组词

例如：演：演<u>变</u>演<u>讲</u>演<u>唱</u>演<u>员</u>

乐：乐_____乐_____乐_____乐_____

歌：歌_____歌_____歌_____歌_____

3. 综合填空

贝多芬被称为（　　　），他一生创作了（　　　）。《c 小调命运交响曲》是贝多芬创作的（　　　）的作品之一，也称为（　　　），这首交响曲有（　　　）乐章，其中有快板乐章，也有（　　　）乐章，这首交响曲富有强烈的（　　　）。

4. 根据课文内容回答问题

（1）我为什么喜欢《c 小调命运交响曲》？

（2）《c 小调命运交响曲》有几个乐章？

（3）华彩乐段是乐曲中独立的部分吗？

（4）歌剧中的华彩乐段指什么？

（5）协奏曲中的华彩乐段在乐章的什么位置？

5. 说一说

请用汉语介绍一位你熟知的音乐家。

▌补充词汇

1. 巴洛克　　　bāluòkè；Baroque

2. 节拍　　　jiépāi；metre

3. 调性　　　diàoxìng；tonality

4. 乐句　　　yuèjù；phrase

5. 变奏　　　biànzòu；to vary

第一课　古典时期的钢琴作品（一）

拓展阅读

钢琴音乐在其发展的三四百年间共经历了几个不同的时期：巴洛克时期、**古典主义**时期、**浪漫主义**时期、**印象主义**及现代音乐时期。

巴洛克时期的艺术**创作**风格以巴赫为代表；古典主义时期的代表人物有**海顿**、贝多芬、莫扎特；浪漫主义时期的代表人物是**肖邦**；法国作曲家**德彪西**是印象派的**创始者**，他打破了**调性**的**束缚**，呈现了丰富多彩的**和声**，**开拓**了钢琴**音色**的奇妙世界。

1. 古典主义　　gǔdiǎn zhǔyì；classicism

2. 浪漫主义　　làngmàn zhǔyì；romanticism

3. 印象主义　　yìnxiàng zhǔyì；impressionism

4. 创作　　　　chuàngzuò；to create

5. 巴赫　　　　Bāhè；Johann Sebastian, German composer

6. 海顿　　　　HǎiDùn；Franz Joseph Haydn，Austria composer

7. 肖邦　　　　Xiāobāng；Frederic Chopin，Polish composer and pianist

8. 德彪西　　　Débiāoxī；Achille-Claude Debussy，France composer

9. 创始者　　　chuàngshǐzhě；founder

10. 调性　　　　diàoxìng；tonality

11. 束缚　　　　shùfù；to bind

12. 和声　　　　héshēng；harmony

13. 开拓　　　　kāituò；to open up

14. 音色　　　　yīnsè；timbre

第二课 古典时期的钢琴作品（二）

📖 课文一：莫扎特和钢琴协奏曲

老师：莫扎特是**钢琴**协奏曲的**奠基人**。

学生：老师，什么是协奏曲？

老师：协奏曲是"**主角**"**乐器**和**管弦乐队**的**合奏**。

学生：老师，钢琴协奏曲中"主角"乐器是钢琴吗？

老师：对的，钢琴与乐队之间要**和谐统一**。

学生：老师，怎样理解"和谐统一"？

老师：主要指音色、**旋律**、声音**对比**方面的和谐。

钢琴	gāngqín ; *n.* ; piano	合奏	hézòu ; *v.* ; to stage an instrumental ensemble	
奠基人	diànjīrén ; *n.* ; founder			
主角	zhǔjué ; *n.* ; protagonist	和谐	héxié ; *adj.* ; harmonious	
乐器	yuèqì ; *n.* ; musical instrument	统一	tǒngyī ; *adj.* ; unified	
管弦乐队	guǎnxián yuèduì ; *n.* ; orchestra	旋律	xuánlǜ ; *v.* ; melody	
		对比	duìbǐ ; *v.* ; to compare	

莫扎特

注释

<u>与……之</u>

between...and...

表示两者之间。

（1）人与人之间应该真诚相待。

（2）黑与白之间有严格的界限。

练一练

1. 用所给汉字完成词语

乐 奏 角 音 具

乐（　　）　　　　　（　　）奏　　　　　　（　　）角

音（　　）　　　　　具（　　）

2. 选择合适的词语完成句子

| A 奠基人 | B 合奏 | C 主角 | D 和谐 | E 音色 |

（1）这首作品需要钢琴和小提琴（   ）吗？

（2）歌剧中的（   ）是谁？

（3）这架钢琴的（   ）真好听！

（4）中国古典音乐作品具有（   ）美。

（5）古典音乐时期的（   ）是谁？

📖 课文二：奏鸣曲、协奏曲和交响曲

学生：老师，什么是奏鸣曲？

老师：奏鸣曲是**专门**为某种乐器而写的音乐。

学生：老师，什么是协奏曲？

老师：一名或数名**演奏家独奏**，**乐团**作为**伴奏**。

学生：老师，什么是交响曲？

老师：管弦乐队演奏的大型**套曲**。

学生：奏鸣曲、协奏曲、交响曲都是音乐的表现形式。

老师：对的。交响曲是**交响乐队**的"奏鸣曲"。

专门	zhuānmén；*adj.*；specialized	伴奏	bànzòu；*v.*；to accompany
演奏家	yǎnzòujiā；*n.*；performer	套曲	tàoqǔ；*n.*；a suite from an opera
独奏	dúzòu；*v.*；solo	交响乐队	jiāoxiǎng yuèduì；*n.*；symphony orchetra
乐团	yuètuán；*n.*；orchestra		

交响乐团演奏

注释

专为……而写的……

be written specifically for...

指专门为某人或某件事的发生而写的作品（包括音乐作品等）。

（1）《c 小调第五交响曲》是贝多芬专为革命而写的音乐。

（2）这首歌是他专为恋人而写的。

家

-er、-ist

掌握某种专门学识或有丰富经验及从事专门活动的人。

（1）专家 expert。

（2）作曲家 composer。

（3）音乐家 musician。

（4）科学家 scientist。

练一练

1. 用所给汉字完成词语

曲	名	家	团	演

（　　）曲　　　　　　（　　）名　　　　　　（　　）家

（　　）团　　　　　演（　　）

2. 选择合适的词语完成句子

| A 乐器 | B 独奏 | C 伴奏 | D 演奏 | E 表现 |

（1）音乐会上指挥家的（　　）太棒了！

（2）今晚的音乐会伊娃娜将（　　）什么曲目？

（3）这次你的演唱由谁来当（　　）呢？

（4）这首作品需要小提琴（　　）？

（5）你都知道哪些（　　）？

▋练习

1. 熟读下列词语

钢琴　奠基人　主角　乐器　管弦乐队　合奏　和谐　统一　旋律
对比　专门　演奏家　独奏　乐团　伴奏　套曲　交响乐队

2. 组词

例如：曲：协奏曲　奏鸣曲　交响曲　套曲

家：____家 ____家 ____家 ____家

乐：____乐 ____乐 ____乐 ____乐

3. 综合填空

　　莫扎特是钢琴（　　）的（　　）人，协奏曲是（　　）乐器和（　　）乐队的（　　）。钢琴协奏曲中"主角"乐器是（　　）。在钢琴协奏曲中，钢琴与乐队之间要具备（　　），就是在（　　）、旋律和（　　）的对比方面的和谐。

4. 根据课文回答问题

（1）莫扎特是什么的奠基人？

（2）钢琴协奏曲中的主角乐器是什么？

（3）协奏曲中的"和谐统一"指什么？

（4）什么是奏鸣曲？

（5）什么是协奏曲？

（6）什么是交响曲？

5. 说一说

（1）你喜欢哪一首协奏曲（奏鸣曲）？能否说一说喜欢的原因。

（2）你知道莫扎特吗？能否简单介绍一下莫扎特。

▎补充词汇

1. 音高　yīngāo；pitch

2. 音长　yīncháng；sound length

3. 音强　yīnqiáng；sound intensity

4. 和声　héshēng；harmony

5. 音色　yīnsè；timbre

▎拓展阅读

　　曲式，是音乐作品在时间上的结构框架。音乐的曲式按照传统可以分为两类，小型曲式和大型曲式。小型的包括一部曲式、二部曲式、三部曲式、复二部曲式、复三部曲式。大型的包括变奏曲式、回旋曲式、奏鸣曲式。无论是古典还是现代的创新之作，在曲式创作上都会遵循对比、变奏和重复三原则。

第二课　古典时期的钢琴作品（二）

1. 曲式   qǔshì ; musical form

2. 一部曲式   yī bù qǔshì ; one-part form

3. 二部曲式   èrbù qǔshì ; binary form

4. 三部曲式   sānbù qǔshì ; ternary form

5. 复二部曲式   fùèrbù qǔshì ; compound binary form

6. 复三部曲式   fùsānbù qǔshì ; compound ternary form

7. 回旋曲式   huíxuán qǔshì ; rondo form

8. 变奏   biànzòu ; to vary

第三课　浪漫时期的钢琴作品（一）

📖 课文一：肖邦的玛祖卡

老师：你听过肖邦的《玛祖卡》吗？

学生：听过。肖邦的玛祖卡是典型有**节奏**形式的**舞曲**。

老师：玛祖卡是几**拍子**的？

学生：是三拍子的。

老师：对的，在肖邦的玛祖卡舞曲中**装饰音**占有非常重要的地位。

学生：老师，怎样理解"装饰音"？

老师：用来装饰旋律的临时**音符**。

肖邦	Xiāobāng；*n.*；Frederic Chopin, Polish composer and pianist	舞曲	wǔqǔ；*n.*；dance music
		拍子	pāizi；*n.*；beat
玛祖卡	mǎzǔkǎ；*n.*；mazurka	装饰音	zhuāngshìyīn；*n.*；ornament
节奏	jiézòu；*n.*；rhythm	音符	yīnfú；*n.*；note

肖邦

注释

……占有非常重要的地位

occupy a very important position 或 hold a very important place

位于、处于、居于非常重要的地位。

（1）李白在我国文学史上占有非常重要的地位。

（2）贝多芬在交响曲创作方面占有非常重要的地位。

练一练

1. 用所给汉字完成词语

式	节	拍	音	时

（　）式　　　　　　节（　）　　　　　　　（　）拍

（　）音　　　　　　（　）时

2. 选择合适的词语完成句子

A 典型	B 节奏	C 地位	D 舞曲	E 装饰

（1）宿舍里用气球来做（　　）。

（2）你对玛祖卡的（　　）形式了解吗?

（3）听这首曲目要特别注意它的（　　）。

（4）肖邦在音乐界占有非常重要的（　　）。

（5）他是这部小说中的（　　）人物。

📖 课文二：舒曼的夜曲

学生：老师，我特别喜欢听**舒曼**的钢琴作品。

老师：能不能说一下喜欢的原因？

学生：就是感觉他的作品很好听。

老师：你们有没有发现舒曼作品中的**乐句**特点？

学生：他的作品往往都是由**二小节**、**四小节**、**八小节**的乐句组成。

老师：对的。**和声**也是他钢琴作品呈现的表达手法之一。

学生：舒曼创作的《**夜曲**》特别好听。

老师：他的《夜曲》在节奏、旋律与和声方面都具有**浪漫主义音乐色彩**。

舒曼	Shūmàn；*n.*；Robert Alexander Schumann，German composer	和声	héshēng；*n.*；harmony
乐句	yuèjù；*n.*；phrase	夜曲	yèqǔ；*n.*；nocturne
二小节	èrxiǎojié；*n.*；two bars	浪漫主义	làngmàn zhǔyì；*n.*；romanticism
四小节	sìxiǎojié；*n.*；four bars	音乐色彩	yīnyuè sècǎi；*n.*；musical color
八小节	bāxiǎojié；*n.*；eight bars		

舒曼

注释

能不能

can 或 could

能愿动词的疑问表达方式。

（1）你能不能弹奏贝多芬的《c小调命运交响曲》？

（2）你能不能说一下这个乐曲的节奏？

有没有

is there，are there，do you have 或者 can you provide

存现动词的疑问表达方式。

（1）你有没有发现这个乐曲的特点？

（2）课下你有没有练习这个曲目？

练一练

1. 用所给汉字完成词语

感 好 发 乐 声

感（　　）　　　　　好（　　）　　　　　发（　　）

乐（　　）　　　　　（　　）声

2. 选择合适的词语完成句子

A 喜欢　　B 特别　　C 发现　　D 感觉　　E 呈现

（1）你有没有（　　）这首曲目中乐句的特点？

（2）你（　　）肖邦的这首钢琴曲好听吗？

（3）和声是舒曼钢琴作品（　　）的表达手法之一。

（4）你最（　　　）舒曼的哪首钢琴作品？

（5）这首钢琴作品的节奏很（　　　）。

练习

1. 熟读下列词语

肖邦　玛祖卡　节奏　舞曲　拍子　装饰音　音符　舒曼　乐句

二小节　四小节　八小节　和声　夜曲　浪漫主义　音乐色彩

2. 组词

例如：曲：<u>协奏曲</u>　<u>奏鸣曲</u>　<u>交响曲</u>　<u>套曲</u>

奏：＿＿奏　　＿＿奏　　＿＿奏　　＿＿奏

声：＿＿声　　＿＿声　　＿＿声　　＿＿声

3. 综合填空

　　肖邦的（　　　）是典型有（　　　）形式的（　　　）。一般是（　　　）拍子的。在肖邦的玛祖卡中（　　　）占有非常重要的（　　　）。所谓装饰音，是指用来装饰（　　　）的（　　　）音符。

4. 根据课文回答问题

（1）肖邦的玛祖卡是典型的什么？

（2）玛祖卡一般是几拍子的？

（3）"装饰音"指什么？

（4）舒曼作品中的乐句有什么特点？

（5）什么是舒曼钢琴作品中呈现的表达手法之一？

（6）舒曼创作的《夜曲》为什么特别好听？

5. 说一说

（1）请简单介绍一下肖邦。

（2）请简单介绍一下舒曼。

▍补充词汇

1. 二拍子　　èrpāizi；duple meter

2. 三拍子　　sānpāizi；triple meter

3. 四拍子　　sìpāizi；quadruple meter

4. 五拍子　　wǔpāizi；quintuple meter

5. 单拍子　　dānpāizi；simple meter

6. 复拍子　　fùpāizi；compound meter

7. 变化拍子　biànhuà pāizi；multi- meter

8. 混合拍子　hùnhé pāizi；irregular meter

9. 拍号　　　pāihào；time signature

10. 节拍器　　jiépāiqì；metronome

▍拓展阅读

　　舒曼的主要作品分为三个不同的**音乐形式**。第一种是**奏鸣曲式**，代表作有《维也纳狂欢节》《第一钢琴奏鸣曲》《第二钢琴奏鸣曲》《第三钢琴奏鸣曲》。第二种是**变奏曲式**，代表作有《克拉拉主题即兴曲》《阿贝格变奏曲》《交响练习曲》。第三种是**套曲曲式**，主要的代表作有《夜曲》《幽默曲》《阿拉贝斯克》《大卫同盟舞曲》等。在舒曼的作品中，钢琴曲和歌曲的数目占据了很大的一部分。

1. 音乐形式　　　　　yīnyuè xíngshì；musical form

2. 奏鸣曲式　　　　　zòumíng qǔshì；sonata

3. 维也纳狂欢节　　　Wéiyěnà kuánghuānjié；Vienna Carnival

4. 变奏曲式　　　　　biànzòu qǔshì；variation form

5. 克拉拉主题即兴曲　kèlālā zhǔtí jíxìngqǔ；Impromtus on a Theme by clara

6. 阿贝格变奏曲　　　Ābèigé biànzòuqǔ；Abegg variations

7. 套曲　　　　　　　tàoqǔ；a set of tunes

8. 曲式　　　　　　　qǔshì；musical form

9. 幽默曲　　　　　　yōumòqǔ；humoresque

10. 阿拉贝斯克　　　　Ālābèisīkè；arabesque

11. 大卫同盟舞曲　　　Dàwèi tóngméng wǔqǔ；Dance of the League of David

第四课　浪漫时期的钢琴作品（二）

📖 课文一："钢琴之王"李斯特

老师：你们知道"钢琴之王"李斯特吗？

学生：老师，**李斯特**是浪漫主义音乐的主要**代表人物**。

老师：对的，李斯特从六岁起开始学习音乐。

学生：他每天都练习**指法**、**震音**、**三度**、**六度**、**八度**等。

老师：钢琴曲《**匈牙利狂想曲**》和他的名字分不开。

学生：老师，他**创作**了多少首《**匈牙利狂想曲**》？

老师：李斯特共创作了 19 首《**匈牙利狂想曲**》。

李斯特	Lǐsītè；*n.*；Franz Liszt, ungarian composer and pianist	六度	liùdù；*n.*；sixth
		八度	bādù；*n.*；octave
代表人物	dàibiǎo rénwù；*n.*；representative figure	匈牙利狂想曲	Xiōngyálì kuángxiǎngqǔ；*n.*；Hungarian Rhapsody
指法	zhǐfǎ；*n.*；fingering	创作	chuàngzuò；*v.*；to create
震音	zhènyīn；*n.*；tremolo		
三度	sāndù；*n.*；third		

李斯特

注释

从……起开始学习

begin to learn sth. from...

说明行为发生的时间，相当于现代汉语的"在""到"。

（1）贝多芬从四岁起开始学习钢琴。

（2）他从三岁开始学习古诗。

练一练

1. 用所给汉字完成词语

法	音	度	曲	创

（　　）法　　　　　　（　　）音　　　　　　　　（　　）度

（　　）曲　　　　　创（　　）

2. 选择合适的词语完成句子

A 代表	B 开始	C 练习	D 指法	E 创作

（1）你从几岁（　　　）学习钢琴的？

（2）这部作品是那个时代风尚的（　　　）。

（3）李斯特（　　　）了大量的钢琴作品。

（4）钢琴演奏中对（　　　）的要求很高。

（5）要想把钢琴弹好需要大量的（　　　）。

📖 课文二：匈牙利狂想曲

学生：老师，《匈牙利狂想曲》是一组钢琴曲目？

老师：对的，它是一组由李斯特所创作的钢琴曲目。

学生：全组共有多少首曲目？

老师：全组共有 19 首曲目，以匈牙利**民歌音调**为**主题**。

学生：老师，19 首曲目中哪一首最**著名**？

老师：第二首最为著名。

学生：为什么是第二首最为著名？

老师：第二首旋律**缓慢庄严**，富有**速度感**。

曲目	qǔmù；*n.*；repertoire		著名	zhùmíng；*adj.*；famous
民歌	míngē；*n.*；folk song		缓慢的	huǎnmàn de；*adj.*；slow
音调	yīndiào；*n.*；tone		庄严的	zhuāngyán de；*adj.*；solemn
主题	zhǔtí；*n.*；theme		速度感	sùdùgǎn；*n.*；sense of speed

李斯特

注释

以……为主题

The theme of sth.in ...

"以"在这里有依照、按照之意，也就是依照、按照……作为主题。

（1）玛祖卡以波兰的一种民间舞蹈为主题。

（2）这一次的考卷作文都是以诚信为主题。

练一练

1. 用所给汉字完成词语

曲	歌	调	名	感

曲（　　）　　　　（　　）歌　　　　　　（　　）调

（　　）名　　　　（　　）感

2. 选择合适的词语完成句子

A 曲目	B 音调	C 民歌	D 缓慢	E 庄严

（1）国歌是（　　）的乐曲。

（2）你喜欢听节奏（　　）的钢琴曲吗？

（3）钢琴考级的（　　）都有哪些？

（4）《茉莉花》是中国经典（　　）。

（5）声音频率的高低叫作（　　）。

练习

1. 熟读下面的词语

李斯特　代表人物　指法　震音　三度　六度　八度　匈牙利狂想曲

创作　曲目　民歌　音调　主题　著名　缓慢　庄严　速度感

2. 组词

例如：曲：<u>协奏曲</u>　<u>奏鸣曲</u>　<u>交响曲</u>　<u>套曲</u>

奏：＿＿奏　＿＿奏　＿＿奏　＿＿奏

声：＿＿声　＿＿声　＿＿声　＿＿声

3. 综合填空

　　李斯特是（　　　　）主义音乐的主要（　　　　）人物。他从（　　　　）起开始学习（　　　　），每天都练习（　　　　）、（　　　　）、三度、六度、八度等。钢琴曲（　　　　）和他的名字（　　　　）。他创作了（　　　　）首《匈牙利狂想曲》。

4. 根据课文回答问题

（1）李斯特是什么音乐的主要代表人物？

（2）李斯特每天都会练习什么？

（3）什么和李斯特的名字分不开？

（4）《匈牙利狂想曲》是一组什么？

（5）《匈牙利狂想曲》以什么为主题？

（6）为什么《匈牙利狂想曲》的第二首最著名？

5. 说一说

请简单介绍一下李斯特和《匈牙利狂想曲》。

补充词汇

1. 极慢板　jímànbǎn；garve
2. 广板　guǎngbǎn；largo
3. 慢板　mànbǎn；lento
4. 柔板　róubǎn；adagio
5. 小柔板　xiǎoróubǎn；adagietto
6. 小广板　xiǎoguǎngbǎn；larghetto
7. 行板　xíngbǎn；andante
8. 小行板　xiǎoxíngbǎn；andantino
9. 中速　zhōngsù；moderato
10. 小快板　xiǎokuàibǎn；allegretto
11. 快板　kuàibǎn；allegro
12. 急板　jíbǎn；presto
13. 最急板　zuìjíbǎn；prestissimo
14. 原速　yuánsù；atempo

拓展阅读

　　狂想曲是由**古希腊史诗游吟诗人**率先创造的音乐体裁，李斯特是第一位真正使用这种**音乐体裁**来表达自己**民族主义**音乐的**作曲家**。钢琴曲《**匈牙利狂想曲**》19 首是和李斯特的名字分不开的，正如圆舞曲和施特劳斯、交响曲与贝多芬的名字分不开一样。这些作品不但充分发挥了钢琴的音乐**表现力**，而且，为狂想曲这个音乐体裁创作树立了杰出的**音乐典范**。这些作品都是以匈牙利和匈牙利**吉卜赛人**的民歌和**民间舞曲**为基础。

1. 狂想曲   kuángxiǎngqǔ；rhapsody

2. 古希腊史诗   Gǔ Xīlà shǐshī；ancient greek epic

3. 游吟   yóuyín；chant

4. 体裁   tǐcái；types of literature

5. 民族主义   mínzú zhǔyì；nationalism

6. 作曲家   zuòqǔjiā；composer

7. 圆舞曲   yuánwǔqǔ；waltz

8. 施特劳斯   Shītèláosī；Johann Strauss,Austrian composer

9. 表现力   biǎoxiànlì；expressiveness

10. 典范   diǎnfàn；paragon

11. 吉卜赛人   jípǔsàirén；gypsy

12. 民间舞曲   mínjiān wǔqǔ；folk dance

第五课　基本钢琴演奏技巧（一）

📖 课文一：视奏

老师：你们知道"视奏"吗？

学生：老师，视奏是把乐谱转化为演奏的中介行为。

老师：你们知道"视奏"的关键吗？

学生：我认为"视奏"的关键之一是熟悉键盘位置。

老师：对的，"视奏"前要明确曲子的调号。

学生：老师，左右手协调弹奏是很难的。

老师：所以需要提高识谱能力。

视奏	shìzòu；n.；angle of view		键盘	jiànpán；n.；keyboard
乐谱	yuèpǔ；n.；musical score		调号	diàohào；n.；a key signature
演奏	yǎnzòu；v.；to play a musical instrument		弹奏	tánzòu；v.；to play
			识谱	shípǔ；n.；read music
中介行为	zhōngjiè xíngwéi；n.；intermediary behavior		能力	nénglì；n.；ability

钢琴视奏

注释

把……转化为……

covert...to...

介词"把",是把动词支配的成分,提到动词前来表示一种句式,我们称为"把字句",固定格式为"施事＋把＋受事＋动词＋其他"。

（1）很多软件都能把视频转化成音频。

（2）她把这首乐曲的五线谱转化成简谱。

练一练

1. 用所给汉字完成词语

视	乐	键	号	识

视（   ）   乐（   ）   （   ）键   （   ）号   识（   ）

2. 选择合适的词语完成句子

A 转化	B 演奏	C 协调	D 位置	E 能力

（1）练习钢琴一定要注意找准乐谱在钢琴键上的（   ）。

（2）视奏对于钢琴初学者的识谱（   ）要求很高。

（3）这个作品在弹奏时一定要注意左右手的（   ）。

（4）你能把这个音频文件（   ）成文字吗？

（5）钢琴家（   ）的这首钢琴曲太好听了。

📖 课文二：钢琴演奏技巧（一）

学生：老师，怎样才能提高钢琴演奏技巧呢？

老师：可以先通过练习改善**钢琴键**上的**手指位置**和速度。

学生：老师，练习中需要注意什么呢？

老师：不同的和弦和**音阶**。

学生：是不是要特别注意**指法**的练习？

老师：对的，要提高左右手**协调**能力。

学生：练习中还需要注意什么呢？

老师：**连音**、**断音**和**滑音**的手指技巧需要反复练习。

钢琴键	gāngqínjiàn；*n.*；piano key	协调	xiétiáo；*n.*；to coordinate
手指位置	shǒuzhǐ wèizhì；*n.*；finger position	连音	liányīn；*n.*；legato
		断音	duànyīn；*n.*；staccato
音阶	yīnjiē；*n.*；musical scale	滑音	huáyīn；*n.*；glissando
指法	zhǐfǎ；*n.*；fingering		

钢琴演奏

注释

是不是

Is it right to...

表示询问，征求意见。

（1）是不是这样弹奏才是对的？

（2）你是不是钢琴专业的同学？

练一练

1. 用所给汉字完成词语

改	指	阶	奏	技

改（　　）　　　　　（　　）指　　　　　（　　）阶

（　　）奏　　　　　技（　　）

2. 选择合适的词语完成句子

A 速度	B 音阶	C 注意	D 提高	E 反复

（1）音乐是时间的艺术，在演奏中一定要注意乐曲的（　　　）。

（2）这个曲目他（　　）弹奏了好多遍。

（3）课下你练习这条 D 大调（　　　）了吗？

（4）钢琴演奏中需要（　　）什么呢？

（5）要想（　　）钢琴演奏技巧是需要大量练习的。

▌练习

1. 熟读下面的词语

视奏　乐谱　演奏　中介行为　键盘　调号　弹奏　识谱能力

钢琴键　手指位置　音阶　指法　协调能力　连音　断音　滑音

2. 组词

例如：曲：<u>协奏曲</u>　<u>奏鸣曲</u>　<u>交响曲</u>　<u>套曲</u>

奏：____奏 ____奏 ____奏 ____奏

法：____法 ____法 ____法 ____法

3. 综合填空

　　视奏是把（　　　）转化为（　　　）的（　　　）。"视奏"的（　　　）之一是熟悉（　　　）位置。"视奏"前要（　　　）曲子的（　　　）。因为左右手协调（　　　）是很难的，所以需要提高（　　　）能力。

4. 根据课文回答问题

（1）什么是视奏？

（2）视奏的关键之一是什么？视奏前要明确什么？

（3）怎样才能提高钢琴演奏技巧呢？

（4）是不是要特别注意指法练习？

（5）钢琴练习中还需要注意什么？

5. 说一说

根据对话内容，请用自己的话说一下钢琴练习中需要注意什么？

▌ 补充词汇

1. 音高　yīngāo；pitch

2. 音色　yīnsè；timbre

3. 音域　yīnyù；range

4. 时值　shízhí；duration

5. 八度　bādù；octave

6. 震音　zhènyīn；tremolo

7. 波音　bōyīn；mordent

▌ 拓展阅读

　　《钢琴演奏技巧》介绍了钢琴的声音及其音色能量、**手臂**的**解剖学**常识、弹奏时手的**姿势**、**挥动**、琴前的**坐势**和身体的姿势、与乐器的和谐一致、自修方法、**慢速**练习、钢琴弹奏中上臂的动作和**肩关节**的作用、连奏和断奏、基本技巧形式及其**变体**、八度与和弦的技巧、**震奏**、**跳跃**、滑奏、手指技巧、音阶、三度音阶、颤音、琶音等。

1. 手臂　　　shǒubì；arm

2. 解剖学　　jiěpōuxué；anatomy

3. 姿势　　　zīshì；posture

4. 挥动　　　huīdòng；to wave

5. 坐势　　　zuòshì；sitting posture

6. 慢速　　　mànsù；lento

7. 上臂　　　shàngbì；upper arm

8. 肩关节　　jiānguānjié；shoulder joint

9. 变体　　　biàntǐ；variant

10. 八度　　　　bādù；octave

11. 震奏　　　　zhènzòu；tremolo

12. 跳跃　　　　tiàoyuè；to jump

13. 三度音阶　　sāndù yīnjiē；third scale

14. 颤音　　　　chànyīn；vibrato

15. 琶音　　　　páyīn；arpeggio

第六课　基本钢琴演奏技巧（二）

📖 课文一：钢琴演奏技巧（二）

老师：钢琴演奏技巧分为**硬性技巧**和**音色技巧**。

学生：老师，什么是**硬性技巧**？

老师：手指的灵活，**手腕**和**大臂**的力量等。

学生：老师，什么是**音色技巧**？

老师：在**触键**和使用**踏板**时对弹奏音色的处理。

学生：老师，演奏技巧很重要吗？

老师：技巧是为表达**音乐性**而服务的。

硬性	yìngxìng ; *adj.* ; inflexible	触键	chùjiàn ; *v.* ; touch key
音色	yīnsè ; *n.* ; timbre	踏板	tàbǎn ; *n.* ; pedal
手臂	shǒubì ; *n.* ; arm	音乐性	yīnyuèxìng ; *n.* ; musicality
大臂	dàbì ; *n.* ; big arm		

钢琴演奏

▎注释

……分为……

divide into

动词"分为"一般指"一分为二""一分为三"等。

（1）钢琴分为两类，一类称作三角钢琴，另一类是立式钢琴。

（2）一部交响曲一般分为四个乐章。

练一练

1. 用所给汉字完成词语

性	色	板	处	技

（　　）性　　　　　　（　　）色　　　　　　（　　）板

处（　　）　　　　　技（　　）

2. 选择合适的词语完成句子

A 音色　　B 技巧　　C 灵活　　D 弹奏　　E 处理

（1）钢琴演奏家的手指非常（　　　）。

（2）这架钢琴的（　　　）非常好听。

（3）你知道的钢琴演奏（　　　）都有哪些？

（4）你能把乐曲的这个乐章（　　　）得再柔美一些吗？

（5）你是怎么（　　　）这件事的？

第六课　基本钢琴演奏技巧（二）

📖 课文二：音乐符号

学生：老师，乐谱中有很多符号，不太好记。

老师：乐谱里常用的符号用来表达声音的不同**特性**。

学生：老师，什么是音乐符号？

老师：用以记录不同长短的音的进行的符号叫作**音符**。

学生：我们需要记住哪些音符？

老师：基本的音符有**全音符**、**二分音符**、**四分音符**、**八分音符**、**十六分音符**等。

学生：乐谱中除了音符还有一些符号也需要记住吧？

老师：对的。例如，**升号**、**降号**、**渐强**、**中弱**等。

特性	tèxìng；*n.*；specific property	十六分音符	shíliùfēn yīnfú；*n.*；sixteenth note
音符	yīnfú；*n.*；note		
全音符	quányīnfú；*n.*；whole note	升号	shēnghào；*n.*；sharp
二分音符	èrfēn yīnfú；*n.*；half note	降号	jiànghào；*n.*；flat
四分音符	sìfēn yīnfú；*n.*；quarter note	渐强	jiànqiáng；*n.*；crescendo
八分音符	bāfēn yīnfú；*n.*；eighth note	中弱	zhōngruò；*n.*；mezzo piano

名称	形状	时值（以四分音符为一拍）
全音符	o	4 拍
二分音符	♩	2 拍
四分音符	♩	1 拍
八分音符	♪	半拍
十六分音符	♪	$\frac{1}{4}$拍
三十二分音符	♪	$\frac{1}{8}$拍

音符表

注释

除了……还……

In addition to..., ...also...

除了表示所说的不计算在内。"除了"一般跟"还有"，表示在什么之外。

（1）他除了教课，还负责学校里的行政工作。

（2）这首乐曲除了有变奏外，还含有华彩乐章。

练一练

1. 用所给汉字完成词语

性	符	号	强	弱

（　　）性　　　　　符（　　）　　　　　（　　）号

（　　）强　　　　　（　　）弱

2. 选择合适的词语完成句子

A 乐谱	B 符号	C 记录	D 长短	E 记住

（1）请同学们（　　）这几个音符。

（2）这个（　　）中有很多升降号

（3）你能分清楚这个音符的（　　）吗?

（4）请把这个重要的历史时刻（　　）下来。

（5）这个（　　）表示什么意思呢?

▎练习

1. 熟读下面的词语

硬性　音色　手臂　大臂　触键　踏板　音乐性　特性　音符　全音符

二分音符　四分音符　八分音符　十六分音符　升号　降号　渐强　中弱

2. 组词

例如：曲：<u>协奏曲</u>　<u>奏鸣曲</u>　<u>交响曲</u>　<u>套曲</u>

符：____符 ____符 ____符 ____符

号：____号 ____号 ____号 ____号

3. 综合填空

　　钢琴演奏技巧分为（　　　）技巧和（　　　）技巧。硬性技巧是指手指的灵活，（　　　）和（　　　）的力量等。音色的技巧是指，在（　　　）和使用（　　　）中对弹奏音色的处理。（　　　）技巧很重要，因为技巧是为表达（　　　）而服务的。

4. 根据课文回答问题

（1）钢琴演奏技巧分为哪两种？

（2）什么是硬性技巧？什么是音色技巧？

（3）乐谱里的常用符号是用来表达什么的？

（4）基本的音符有哪些？

（5）乐谱中除了音符还有哪些符号？

5. 说一说

根据对话内容，请用自己的话说一下你知道的音符有哪些。

▌补充词汇

1. 渐弱   jiànruò；diminuendo

2. 最弱   zuìruò；pianississimo

3. 很弱   hěnruò；pianissmo

4. 中强   zhōngqiáng；mazzo forte

5. 强   qiáng；forte

6. 弱   ruò；piano

7. 很强   hěnqiáng；fortissimo

8. 最强   zuìqiáng；forte fortissimo

9. 突强   tū qiáng；sforzando/sf

10. 强后突弱   qiánghòu tūruò；forte piano/fp

11. 还原号   huányuánhào；natural

12. 变音记号   biànyīn jìhào；accidental

13. 重升号   chóngshēnghào；double sharp

14. 重降号   chóngjiànghào；double flat

▌拓展阅读

　　音符是用来记录不同长短的音的进行的符号。音符包括三个组成部分，即**符头、符干、符尾**。八分音符以及拍节更小的音符含**符尾**。可以**节拍**来划分音符的种类，如全音符为四拍、二分音符为二拍等。全音符，即没有符干和符尾的**空心**的白色音符。它是音符**家族**的老大哥，其他音符的**时值**都比它短，而且要以它为准。二分音符，带有符干，只有全音符的一半长，等于全音符 1/2 的时值；四分音符，比二分音符又小一半，等于全音符 1/4 的时值。

1. 符头　　　fútóu ; head

2. 符干　　　fúgàn ; stem

3. 符尾　　　fúwěi ; hook

4. 节拍　　　jiépāi ; tempo

5. 空心　　　kōngxīn ; hollow

6. 家族　　　jiāzú ; family

7. 时值　　　shízhí ; duration

8. 一半　　　yíbàn ; half

9. 四分之一　sìfēnzhīyī ; quarter

第七课　基本小提琴演奏技巧（一）

📖 课文一：持琴的方法

老师：**持琴**是小提琴演奏中的一个环节。

学生：老师，持琴时**琴头**不能太低吗？

老师：琴头过低会给左手增加重量，**弓子**也容易滑向**指板**。

学生：老师，持琴时**尾板**要对准**喉咙**中间吗？

老师：对的，**琴身**与人的**肩膀**构成 45 度角。

学生：老师，小提琴一定要放在**锁骨**上吗？

老师：对，注意要用**左下颚夹琴**。

持琴	chíqín；v.；holding the violin	琴身	qínshēn；n.；the body of violin
琴头	qíntóu；n.；scroll	肩膀	jiānbǎng；n.；shoulder
弓子	gōngzi；n.；bow	锁骨	suǒgǔ；n.；clavicle
指板	zhǐbǎn；n.；finger board	左下颚	zuǒxià，è；n.；left lower jaw
尾板	wěibǎn；n.；tail plate	夹琴	jiáqín；v.；clamp the violin with the left lower jaw
喉咙	hóulóng；n.；throat		

持琴

▌注释

……不能……吗

Can't...?

能愿动词的否定形式。

（1）这首曲目不能这样演奏吗？

（2）这道题不能用这个方法做吗？

练一练

1. 用所给汉字完成词语

持	头	板	琴	骨

持（　　）　　　　（　　）头　　　　　　（　　）板

琴（　　）　　　　（　　）骨

2. 选择合适的词语完成句子

A 持琴	B 增加	C 容易	D 对准	E 放在

（1）小提琴演奏中有一个环节叫（　　　）。

（2）小提琴一定要（　　）锁骨上吗？

（3）持琴时尾板要（　　）喉咙中间吗？

（4）你这样做很（　　）出错。

（5）琴头过低会给左手（　　）重量。

第七课　基本小提琴演奏技巧（一）

📖 课文二：运弓的技巧

学生：老师，为什么**运弓**在小提琴演奏中起关键性作用？

老师：因为一首乐曲演奏得动听与否和运弓的好坏分不开。

学生：老师，运弓需要注意什么？

老师：运弓时，整个**上肢**都在运动。

学生：老师，拉**上半弓**和拉**下半弓**有不同吗？

老师：拉上半弓，**食指****按弓**的**压力**要大；拉下半弓，食指对弓的压力要小。

学生：拉**全弓**时如何把声音拉得平均呢？

老师：关键在于运弓时食指要掌握好**力度**的变化。

运弓	yùngōng；v.；bowing	食指	shízhǐ；n.；index finger
上肢	shàngzhī；n.；upper limbs	按弓	àngōng；n.；press bow
上半弓	shàngbàngōng；n.；upper half bow	压力	yālì；n.；pressure
		全弓	quángōng；n.；whole bow
下半弓	xiàbàngōng；n.；lower half bow	力度	lìdù；n.；strength

运弓

▌注释

与……分不开

Is inseparable from...

和什么是不可分割的，有紧密的关系。

（1）他的成功与平时的努力分不开。

（2）他认为工作与生活分不开。

练一练

1. 用所给汉字完成词语

| 运 | 肢 | 拉 | 指 | 度 |

运（　　　）　　　　（　　　）肢　　　　　　拉（　　　）

（　　　）指　　　　（　　　）度

2. 选择合适的词语完成句子

| A 运弓　　B 需要　　C 运动　　D 压力　　E 力度 |

（1）运弓（　　　）注意什么？

（2）拉上半弓食指按弓的（　　　）要大。

（3）（　　　）在小提琴演奏中起关键性作用。

（4）运弓时整个上肢都在（　　　）。

（5）拉全弓时食指要掌握好（　　　）的变化。

练习

1. 熟读下面的词语

持琴　琴头　弓子　指板　尾板　喉咙　琴身　肩膀　锁骨　左下颚
夹琴　运弓　上肢　拉上半弓　拉下半弓　食指　按弓　压力
拉全弓　力度

2. 组词

例如：曲：协奏曲　奏鸣曲　交响曲　套曲

弓：＿＿弓 ＿＿弓 ＿＿弓 ＿＿弓

板：＿＿板 ＿＿板 ＿＿板 ＿＿板

3. 综合填空

（　　）是小提琴演奏中的一个环节。持琴时（　　）不能太低，琴头过低会给左手（　　）重量，弓子也容易滑向（　　）。持琴时（　　）要对准喉咙中间，（　　）与人的肩膀构成45度角。小提琴一般要放在（　　）上，注意要用左下颚（　　）。

4. 根据课文回答问题

（1）为什么持琴时琴头不能太低？

（2）持琴时尾板要对准哪里？

（3）持琴时琴身与人的肩膀构成多少度角？

（4）为什么运弓在小提琴演奏中起关键性作用？

（5）拉上半弓和拉下半弓有什么不同？

（6）拉全弓时如何把声音拉得平均呢？

5. 说一说

（1）根据对话内容，请用自己的话说一下持琴需要注意什么。

（2）根据对话内容，请用自己的话说一下拉上半功、拉下半弓和拉全弓需要注意什么。

▎补充词汇

1. 琴弦　　qínxián；strings

2. 琴弓　　qíngong；bow

3. 肩托　　jiāntuō；rest

4. 腮托　　sāituō；chin rest

5. 微调器　wēitiáoqì；pegs

6. 拨弦　　bōxián；plucking

7. 揉弦　　róuxián；vibrato

▌拓展阅读

　　小提琴是一种**弦**乐器，总共有四根弦，靠弦和弓摩擦发出声音。小提琴琴身(**共鸣箱**)长约35.5厘米，由具有**弧度**的**面板**、**背板**和**侧板黏合**而成。面板质地较软；背板和侧板质地较硬。琴头、**琴颈**和指板使用不同木材。小提琴是现代管弦乐队弦乐组中最主要的乐器，是现代交响乐队的支柱，也是具有高难度演奏技巧的独奏乐器，它与钢琴、**古典吉他**并称为世界三大乐器。

1. 弦　　　　xián；strings

2. 共鸣箱　　gòngmíngxiāng；resonance box

3. 弧度　　　húdù；radian

4. 面板　　　miànbǎn；top

5. 背板　　　bèibǎn；backplane

6. 侧板　　　cèbǎn；rig

7. 黏合　　　niánhé；bonding

8. 琴颈　　　qínjǐng；neck

9. 弦乐　　　xiányuè；string music

10. 古典吉他　gǔdiǎn jítā；classical guitar

第八课　基本小提琴演奏技巧（二）

📖 课文一：揉弦

老师：**揉弦**分为**手腕**的揉弦和**手臂**的揉弦。

学生：老师，这两种揉弦有什么不同？

老师：手腕的揉弦只动手腕以上。

学生：哦，那手臂的揉弦是动整个手臂吗？

老师：对的，手腕的揉弦中**音高**变化比较小。

学生：老师，手臂的揉弦中音高变化较大吗？

老师：对，一个是从手腕**发力**，一个是从手臂发力。

学生：老师，在练习手腕揉弦时需要注意什么？

老师：在练习手腕揉弦时，可先从**三指**开始，注意**按弦**的**压力**。

揉弦	róuxián；*n.*；vibrato	发力	fālì；*v.*；to exert oneself
手腕	shǒuwàn；*n.*；wrist	三指	sānzhǐ；*n.*；middle finger
手臂	shǒubì；*n.*；arm	按弦	ànxián；*v.*；press the strings
音高	yīngāo；*n.*；pitch	压力	yalì；*v.*；pressure

揉弦

注释

只

only

表示仅限于某个范围，仅仅，唯一。例如：他吵架只动嘴不动手。

练一练

1. 用所给汉字完成词语

手	弦	音	力	指

手（　　）　　　　　（　　）弦　　　　　　音（　　）

（　　）力　　　　　（　　）指

2. 选择合适的词语完成句子

A 手腕	B 手臂	C 音高	D 变化	E 压力

（1）揉弦练习时，要特别注意按弦的（   ）。

（2）（   ）指各种不同高低的声音。

（3）这两首曲目在演奏技巧上是有（   ）的。

（4）（   ）揉弦主要依靠手腕颤动，听起来舒展委婉。

（5）（   ）揉弦主要依靠小臂颤动，听起来热情饱满。

第八课　基本小提琴演奏技巧（二）

📖 课文二：拨奏

学生：老师，小提琴演奏中怎样**拨奏**？

老师：具体看演奏**曲目**的需要。

学生：老师，简单的拨奏技巧是什么？

老师：一般用右手食指在琴的**指板**处**拨动**。

学生：老师，左**手拨弦**是不是很难？

老师：左手拨弦除了**拇指**，其余四指都可以。但要注意拨弦的方向。

学生：拨弦方向一般是琴体**右下方**？

老师：对的，还要注意拨弦的**部位**一般是**手指尖**的**指肚**。

拨奏	bōzòu ; v. ; to play music by plucking the strings of an instrument	拇指	mǔzhǐ ; n. ; thumb
曲目	qǔmù ; n. ; repertoire	右下方	yòuxiàfāng ; n. ; bottom-right
指板	zhǐbǎn ; n. ; fingerboard	部位	bùwèi ; n. ; referring to the human body position
拨动	bōdòng ; v. ; fiddle	手指尖	shǒuzhǐjiān ; n. ; fingertip
拨弦	bōxián ; n. ; plucked string	指肚	zhǐdù ; n. ; finger belly

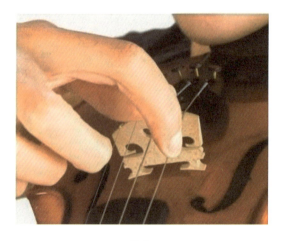

拨奏

注释

除了……都……

except for...all are... 或 apart from... all...

表示所说的不计算在内，和"都"连用，表示排除关系。例如：那首曲目，除了他，其他同学都能弹奏。

练一练

1. 用所给汉字完成词语

奏	曲	弦	手	琴

（　　）奏　　　　　　曲（　　）　　　　　　（　　）弦

手（　　）　　　　　　琴（　　）

2. 选择合适的词语完成句子

A 曲目	B 演奏	C 朝	D 部位	E 方向

（1）拨弦的（　　）一般是用手指尖的指肚。

（2）拨弦是小提琴的（　　）技巧之一。

（3）拨弦方向一般（　　）琴体右下方。

（4）这次演唱会演出的（　　）有三十多个。

（5）这个音的发音（　　）在哪里？

练习

1.熟读下面的词语

揉弦　手腕　手臂　音高　发力　三指　按弦　拨奏　曲目　指板

拨动　拨弦　拇指　右下方　手指尖　指肚

2.组词

例如：发：发现　发掘　发表　发言

拨：拨＿＿＿　拨＿＿＿　拨＿＿＿　拨＿＿＿

手：手＿＿＿　手＿＿＿　手＿＿＿　手＿＿＿

3.综合填空

揉弦分为（　　　）的揉弦和（　　　）的揉弦。手腕的揉弦只动

（　　　）以上。手臂的揉弦是动（　　　）。手腕的揉弦中（　　　）变化比较

小；手臂的揉弦中音高变化（　　　）。一个是从手腕发力；一个是从手臂

发力。在练习手腕揉弦时，可先从（　　　）开始，注意（　　　）的压力。

4.根据课文回答问题

（1）揉弦可以分为哪两种？

（2）手臂揉弦和手腕揉弦有什么不同？

（3）在练习手腕揉弦时需要注意什么？

（4）简单的拨奏技巧是什么？

（5）左手拨弦的方向是什么？

（6）拨弦的部位一般是什么？

5.说一说

（1）根据对话内容，请用自己的话说一下手臂揉弦和手腕揉弦有什么不同？

（2）根据对话内容，请用自己的话说一下拨奏？

▌ 补充词汇

1. 琴弦　　　qínxián；string
2. 琴头　　　qíntóu；scroll
3. 弦轴　　　xiánzhóu；tuning peg
4. 弦轴箱　　xiánzhóuxiāng；peg box
5. 弦枕　　　xiánzhěn；top nut
6. 指板　　　zhǐbǎn；fingerboard
7. 面板　　　miànbǎn；belly
8. 侧板　　　cèbǎn；purfling
9. 背板　　　bèibǎn；backboard
10. 琴马　　　qínmǎ；bridge
11. 音孔　　　yīnkǒng；f- Hole
12. 调音器　　tiáoyīnqì；fine-tuner
13. 拉弦板　　lāxiánbǎn；tailpiece
14. 尾钮　　　wěiniǔ；tailgut

▌ 拓展阅读

　　音乐中提琴类（弓弦类）乐器，左手手指在指板上的位置，被称为**把位**。靠近**琴头**的把位为**低把**，靠近**琴马**的为**高把**。从一个把位换到另一个把位，称为**换把**。换把位的方法有多种，如**空弦换把**、**同指换把**、不同指以及泛音换把等。结合换把使用**滑音**，是一种富于表现力的演奏手段。

1. 提琴类　　tíqín lèi；of instruments in the violin family
2. 弓弦类　　gōngxián lèi；bowstring
3. 把位　　　bǎwèi；hand position

4. 低把　　　dībǎ；low handle position

5. 高把　　　gāobǎ；high handle

6. 换把　　　huànbǎ；change handle

7. 空弦换把　　kōngxián huànbǎ；change handle in open strings

8. 同指换把　　tóngzhǐ huànbǎ；use same finger to change handle

9. 滑音　　　huáyīn；glide

第九课　外国歌剧（一）

📖 课文一：歌剧起源和组成

老师：歌剧最早出现在 17 世纪的意大利。

学生：老师，歌剧的原意指什么？

老师：包括舞台上的独唱、重唱和合唱，也包括对白、表演和舞蹈。

学生：哦，那能不能说歌剧是舞台表演艺术？

老师：可以这么说。它源于古希腊戏剧中的合唱部分。

学生：老师，歌剧的剧情是用歌曲形式来表达吗？

老师：对。你们知道歌剧的组成部分吗？

学生：由咏叹调、宣叙调、重唱、合唱、序曲、间奏曲、舞蹈场面等组成。

老师：对的，有时也用说白和朗诵。

歌剧	gējù ; *n.* ; opera		咏叹调	yǒngtàndiào ; *n.* ; aria
独唱	dúchàng ; *v.* ; solo		宣叙调	xuānxùdiào ; *n.* ; recitative
重唱	chóngchàng ; *v.* ; ensemble		序曲	xùqǔ ; *n.* ; overture
合唱	héchàng ; *v.* ; chorus		间奏曲	jiānzòuqǔ ; *n.* ; intermezzo
对白	duìbái ; *n.* ; dialogue		说白	shuōbái ; *n.* ; spoken parts in an opera
表演	biǎoyǎn ; *v.* ; to perform		朗诵	lǎngsòng ; *v.* ; to recite
舞蹈	wǔdǎo ; *n.* ; dance			

歌剧表演

注释

由……组成的

consists of 或 is composed of

表示自，从。例如：人体是由许多器官组成的。

练一练

1. 用所给汉字完成词语

剧	唱	曲	调	蹈

（　　）剧　　　　　　（　　）唱　　　　　　（　　）曲

（　　）调　　　　　　（　　）蹈

2. 选择合适的词语完成句子

A 原意	B 艺术	C 形式	D 表达	E 源于

（1）你们知道歌剧的组成（　　　）吗?

（2）歌剧的（　　　）是指什么?

（3）歌剧是舞台表演（　　　）。

（4）叙述是文章常用的表达（　　　）。

（5）歌剧（　　　）古希腊戏剧中的合唱部分。

📖 课文二：图兰朵

学生：老师，《图兰朵》是普契尼最伟大的作品之一吗？

老师：是的，也是他一生中最后一部作品。

学生：老师，《图兰朵》的首演是什么时候？

老师：1926 年在米兰斯卡拉歌剧院，由托斯卡尼尼指挥。

学生：普契尼毕生都在探索戏剧与音乐中的情感？

老师：对的。整部歌剧中，女高音、男高音、男低音、男中音的角色内容较多。

学生：老师，歌剧中一定要讲求演唱风格吗？

老师：是的，最主要是歌剧演员能够通过演唱风格技巧来展现人物形象。

图兰朵	Túlánduǒ；*n.*；Turandot		男高音	nángāoyīn；*n.*；tenor
普契尼	Pǔqìní；*n.*；Giacomo Puccini, Italian opera composer		男低音	nándīyīn；*n.*；bass
			男中音	nánzhōngyīn；*n.*；baritone
首演	shǒuyǎn；*v.*；debut		演唱	yǎnchàng；*v.*；to sing in a performance
歌剧院	gējùyuàn；*n.*；an opera house			
托斯卡尼尼	Tuōsīkǎní；*n.*；Arturo Toscanini, Italian conductor		风格	fēnggé；*n.*；style
			人物	rénwù；*n.*；characters
戏剧	xìjù；*n.*；drama		形象	xíngxiàng；*n.*；image
女高音	nǚgāoyīn；*n.*；soprano			

歌剧《图兰朵》照片

注释

通过……来展现……

to showcase ... through... 或者 to display... via...

通过本义是通行、穿过，和"来"连用，一般后面跟动词。

例如：地球上是通过经度和纬度来确定一个地点在地球上的位置。

练一练

1. 用所给汉字完成词语

作	演	院	音	格

作（　　　）　　　　（　　　）演　　　　　　（　　　）院

（　　　）音　　　　（　　　）格

2. 选择合适的词语完成句子

A 作品	B 首演	C 探索	D 风格	E 角色

（1）《图兰朵》是普契尼一生中最后一部（　　　）。

（2）他在这部剧中扮演什么（　　　）？

（3）在文学创作中，（　　　）是指表现出来的一种带有综合性的总体特点。

（4）这些疑难问题还有待我们去（　　　）。

（5）这部话剧昨天在北京（　　　）。

练习

1. 熟读下面的词语

歌剧　独唱　重唱　合唱　对白　表演　舞蹈　咏叹调　宣叙调

序曲　间奏曲　说白　朗诵　图兰朵　普契尼　首演　歌剧院

托斯卡尼尼　戏剧　女高音　男高音　男低音　男中音　演唱风格　人物形象

2. 组词

例如：曲：<u>协奏曲</u>　<u>奏鸣曲</u>　<u>交响曲</u>　<u>套曲</u>

唱：＿＿唱＿＿唱＿＿唱＿＿唱

曲：＿＿曲＿＿曲＿＿曲＿＿曲

3. 综合填空

　　歌剧最早出现在 17 世纪的（　　　）。歌剧包括舞台上的独唱、（　　　）和合唱，也包括对白、（　　　）和舞蹈，是舞台（　　　）艺术。它源于古希腊戏剧中的（　　　）部分。它的剧情是用（　　　）形式来表达，由咏叹调、（　　　）、重唱、合唱、序曲、（　　　）、舞蹈场面等组成，有时也用（　　　）和朗诵。

4. 根据课文回答问题

（1）歌剧的原意指什么？

（2）歌剧的剧情用什么形式来表达？

（3）歌剧的组成部分有哪些？

（4）《图兰朵》是普契尼的什么作品？

（5）《图兰朵》的首演是什么时候？

（6）《图兰朵》中哪些角色内容较多？

5. 说一说

（1）根据对话内容，请用自己的话说一下你对歌剧的了解。

（2）根据对话内容，请用自己的话简单介绍一下《图兰朵》。

▍补充词汇

1. 女中音　nǚ zhōng yīn；mezzo-soprano
2. 女低音　nǚ dī yīn；contralto

▍拓展阅读

　　《图兰朵（Turandot）》是根据童话剧改编的三幕剧，讲述了一个西方人想象中的中国传奇故事。该剧本最著名的改编版本是由贾科莫·普契尼（Giacomo Puccini）于1924年作曲的同名歌剧，但他在世时并未全部完成。在普契尼去世后，弗兰科·阿尔法诺（Franco Alfano）根据普契尼的草稿将全剧完成。该剧于1926年4月25日在米兰斯卡拉歌剧院（Teatro alla Scala）首演，由阿尔图罗·托斯卡尼尼（Arturo Toscanini）担任指挥。

▍拓展词汇

1. 作曲家　　zuòqǔjiā；composer
2. 童话剧　　tónghuàjù；pantomime
3. 三幕剧　　sānmùjù；Three-act play
4. 传奇　　　chuánqí；legend
5. 改编　　　gǎibiān；to adapt
6. 版本　　　bǎnběn；version
7. 同名歌剧　tóngmíng gējù；Opara of the same title
8. 草稿　　　cǎogǎo；draft
9. 担任　　　dānrèn；to take charge of
10. 指挥　　　zhǐhuī；director

第十课 外国歌剧（二）

📖 课文一：咏叹调介绍

老师：咏叹调的词义就是曲调。

学生：老师，咏叹调是与宣叙调形成对比吗？

老师：是的，它有讲究的伴奏、特定的曲式，而且富于歌唱性。

学生：哦，歌剧中的咏叹调一般是主角的独唱？

老师：对的，它的作用就像是戏剧中的"独白"，表现出人物的特征。

学生：老师，咏叹调最早起源于中国戏曲？

老师：对。从用说唱的方式完成表演，逐步发展为带有器乐伴奏的、有节制的歌唱形式。

学生：老师，咏叹调也被称为抒情调吗？

老师：对的，它是配以伴奏的、表现演唱者感情的独唱曲。

咏叹调	yǒngtàndiào；*n.*；aria	主角	zhǔjué；*n.*；protagonist
曲调	qǔdiào；*n.*；melody	独白	dúbái；*n.*；monologue
宣叙调	xuānxùdiào；*n.*；recitative	戏曲	xìqǔ；*n.*；traditional Chinese opera
讲究的	jiǎngjiūde；*adj.*；fastidious		
伴奏	bànzòu；*v.*；to accompany with musical instruments	说唱	shuōchàng；*n.*；dramatic dialogue
曲式	qǔshì；*n.*；musical form	抒情调	shūqíngdiào；*n.*；lyrical tone

歌剧演唱

注释

……起源于……

originate from, stem from 或者 derive from

起源的本义是事物发生的根源，起源于即发源于的意思。例如：京剧起源于几种古老的地方戏剧。

……就像……

just like 或 as

比喻的用法，意指就好比、就比如。例如：我得到自由，就好比鸟儿飞向蓝天一样。

练一练

1. 用所给汉字完成词语

调	奏	曲	角	性

（　　）调　　　　　　（　　）奏　　　　　　　　曲（　　）

（　　）角　　　　　　（　　）性

2. 选择合适的词语完成句子

A 对比	B 咏叹调	C 主角	D 起源于	E 就像

（1）我们要爱惜时间，（　　）爱惜自己的生命一样。

（2）生命（　　）什么呢？

（3）这部剧目的（　　）由谁担任？

（4）（　　）是两种不同的事物或情况互相比较。

（5）（　　）是配以伴奏的、表现演唱者感情的独唱曲。

📖 课文二：今夜无人入睡

学生：老师，《今夜无人入睡》是《图兰朵》中最著名的一段咏叹调。

老师：是的，**剧情**背景是王子卡拉夫在要求公主图兰朵猜他的身份。

学生：老师，卡拉夫王子属于**戏剧男高音**，如何通过演唱展示出他的情感？

老师：这首咏叹调通过旋律、速度、音色、力度的变化对比，描述出卡拉夫王子较为复杂的心情状态。

学生：演唱这类作品时**嗓音**需要力度和穿透性吗？

老师：对的。《今夜无人入睡》是男高音咏叹调，G 大调，4/4 拍。

学生：老师，作品一开始用宣叙调的旋律进行简单的描述。

老师：是的，开头两小节在**八度**大跳上进行描述，并用了一些休止符来安排乐句的进行。

剧情	jùqíng ; *n.* ; plot	
戏剧男高音	xìjù nángāoyīn ; *n.* ; dramatic tenor	
嗓音	sǎngyīn ; *n.* ; voice	
穿透性	chuāntòuxìng ; *adj.* ; penetrability	
大调	dàdiào ; *n.* ; major	
拍	pāi ; *n.* ; tempo	
八度	bādù ; *n.* ; octave	
休止符	xiūzhǐfú ; *n.* ; rest	
乐句	yuèjù ; *n.* ; phrase	

歌剧表演场景

第十课　外国歌剧（二）

▌注释

·····属于·····

belong to，is part of 或者 is one of

表示归某一方面或某方所有。例如：荣誉是属于集体的。

▌练一练

1. 用所给汉字完成词语

性	符	乐	调	度

（　　）性　　　　　（　　）符　　　　　　乐（　　）

（　　）调　　　　　（　　）度

2. 选择合适的词语完成句子

A 剧情	B 属于	C 音色	D 描述	E 安排

（1）《今夜无人入睡》的（　　）是王子要求公主猜他的身份。

（2）戏剧男高音的（　　）洪亮。

（3）在这部剧目中她的角色（　　）女高音。

（4）这场演唱会是哪个公司负责（　　）的？

（5）你能（　　）一下当时的情景吗？

练习

1. 熟读下面的词语

咏叹调　曲调　宣叙调　伴奏　曲式　主角　独白　中国戏曲　说唱

抒情调　剧情　戏剧男高音　嗓音　穿透性　G大调　4/4拍

八度　休止符　乐句

2. 组词

例如：曲：<u>协奏曲</u>　<u>奏鸣曲</u>　<u>交响曲</u>　<u>套曲</u>

调：____调 ____调 ____调 ____调

性：____性 ____性 ____性 ____性

3. 综合填空

　　咏叹调有讲究的（　　　）、特定的曲式，而且富于（　　　）。歌剧中的咏叹调一般是主角的（　　　），它的作用就像是戏剧中的（　　　），表现出人物的特征。咏叹调最早起源于（　　　）。用（　　　）的方式完成表演，逐步发展成了带有（　　　）伴奏的、有（　　　）的歌唱形式。咏叹调也被称为（　　　），它是配以伴奏的、表现演唱者（　　　）的独唱曲。

4. 根据课文回答问题

（1）歌剧中的咏叹调一般是谁的独唱？

（2）咏叹调最早起源于什么？

（3）咏叹调也被称为什么？

（4）《今夜无人入睡》是《图兰朵（Turandot）》中最著名的什么？

（5）卡拉夫王子属于什么？

（6）《今夜无人入睡》是什么大调的、几拍咏叹调？

5. 说一说

（1）根据对话内容，请用自己的话简单介绍一下咏叹调。

（2）根据对话内容，请用自己的话简单介绍一下《今夜无人入睡》。

▌ 补充词汇

1. 性格男高音　xìnggé nángāoyīn；character tenor
2. 抒情男高音　shūqíng nángāoyīn；lyric tenor
3. 威力男高音　wēilì nángāoyīn；jugendlicher heldentenor
4. 英雄男高音　yīngxióng nángāoyīn；heldentenor

▌ 拓展阅读

　　歌剧里男高音的音域一般是两个八度，从中央 C 到 high C。男高音可以细分为五种类型，按照所谓的"小号"到"大号"排列依次是：轻型男高音、抒情男高音、大号抒情男高音、戏剧男高音和英雄男高音。也有人把轻型再分为轻型花腔男高音和轻型抒情男高音。"号"越小，越容易唱得高、唱得轻快。

1. 音域　　　　　　　yīnyù；range
2. 轻型男高音　　　　qīngxíng nángāoyīn；leggero tenor
3. 抒情男高音　　　　shūqíng nángāoyīn；lyric tenor
4. 大号抒情男高音　　dàhào shūqíng nángāoyīn；spinto tenor
5. 戏剧男高音　　　　xìjù nángāoyīn；dramatic tenor
6. 轻型花腔男高音　　qīngxíng huāqiāng nángāoyīn；light coloratura tenor
7. 轻型抒情男高音　　qīngxíng shūqíng nángāoyīn；light lyric tenor

第十一课　中国歌剧（一）

📖 课文一：新歌剧介绍

老师：中国近现代出现的新的戏曲音乐被称为"**新歌剧**"。

学生：老师，"新歌剧"是为了和**传统戏曲**相区别吗？

老师：是的，它既不同于传统戏曲，又有别于**西洋歌剧**。

学生：哦，老师能不能举例说明呢？

老师：20世纪中国歌剧创作的**开拓者**是黎锦晖先生，他创作了**儿童歌舞剧**《麻雀与小孩》《小小画家》等共12部。

学生：老师，《白毛女》是不是中国歌剧史上的标志性作品？

老师：对。《白毛女》是诗、歌、舞三者融合的民族新歌剧。

学生：老师，那它具有什么特点呢？

老师：吸收了中国传统戏曲的**表演手段**，注意**舞蹈身段**和**念白韵律**。

新歌剧	xīngējù；*n.*；new opera	融合	rónghé；*v.*；blend
传统戏曲	chuántǒng xìqǔ；*n.*；traditional Chinese opera	表演	biǎoyǎn；*n.*；performance
西洋歌剧	xīyáng gējù；*n.*；Western opera	舞蹈身段	wǔdǎo shēnduàn；*n.*；dancer's posture
开拓者	kāituòzhě；*n.*；pioneer	念白	niànbái；*n.*；spoken parts of a Chinese opera
儿童	értóng；*n.*；children	韵律	yùnlǜ；*n.*；metre and rhythm scheme in verse
歌舞剧	gēwǔjù；*n.*；a song and dance drama		
白毛女	báimáonǚ；*n.*；the White-Haired Girl a popular modern Chinese opera		

剧院内部图

注释

……被称为……

is known as，is called 或者 is referred to as

表示被叫作的意思。例如：古代诗人李白被称为诗仙。

既……又……

both...and...

表示并列关系。例如：这个女孩子既年轻又漂亮。

练一练

1. 用所给汉字完成词语

代	者	剧	演	段

（　　）代　　　　　　（　　）者　　　　　　（　　）剧

（　　）演　　　　　　（　　）段

2. 选择合适的词语完成句子

A 手段	B 特点	C 举例	D 创作	E 戏剧

（1）《白毛女》吸收了中国传统戏曲的表演（　　）。

（2）能否（　　）说明一下都有哪些新歌剧？

（3）新歌剧具有什么（　　）？

（4）中国（　　）主要包括戏曲和话剧。

（5）20世纪中国歌剧（　　）的开拓者是黎锦晖先生。

📖 课文二：白毛女

学生：老师，《白毛女》是不是采用了北方**民间音乐**的曲调？

老师：是的，歌剧情节吸取了民族传统戏曲的**分场**方法。

学生：老师，是不是说**场景**变化灵活？

老师：对的。歌剧语言继承了中国戏曲的**唱白兼用**。

学生：老师，《白毛女》的音乐具有独特的民族风味？

老师：对的。在表演上突出了古代戏曲的歌唱、**吟诵**和**道白**。

学生：老师，《白毛女》中有**欢快**的曲调，也有**低沉**的曲调。

老师：是的，人物**出场**通过歌唱作自我介绍，也用**独白**叙述事件过程。

民间音乐	mínjiān yīnyuè；n.；folk music		道白	dàobái；n.；spoken parts in an opera
分场	fēnchǎng；n.；to split the scene			
场景	chǎngjǐng；n.；scene (in drama；films，etc)		欢快	huānkuài；adj；festivo
			低沉	dīchén；adj.；gloomy
唱白兼用	chàngbái jiānyòng；n.；singing and talking		出场	chūchǎng；v.；come on the stage
			独白	dúbái；n.；monologue
吟诵	yínsòng；n.；chant		叙述	xùshù；v.；narrate

歌剧《白毛女》照片

注释

有……也有……

have...as well as...

表示同时具有。例如：花园里有玫瑰花，也有百合花。

练一练

1. 用所给汉字完成词语

场	白	诵	快	沉

（　　）场　　　　　　（　　）白　　　　　　（　　）诵

（　　）快　　　　　　（　　）沉

2. 选择合适的词语完成句子

A 采用	B 曲调	C 分场	D 独白	E 继承

（1）歌剧情节吸取了民族传统戏曲的（　　　）方法。

（2）《白毛女》中人物唱词有用（　　　）叙述事件过程的。

（3）《白毛女》中有欢快的（　　　）。

（4）《白毛女》（　　　）了北方民间音乐的曲调。

（5）歌剧语言（　　　）了中国戏曲的唱白兼用。

练习

1.熟读下面的词语

新歌剧　传统戏剧　西洋歌剧　黎锦晖　麻雀与小孩　小小画家
舞蹈身段　念白　韵律　民间音乐　分场　场景　唱白兼用　吟诵
道白　欢快　低沉　出场　独白

2.组词

例如：曲：<u>协奏曲</u>　<u>奏鸣曲</u>　<u>交响曲</u>　<u>套曲</u>

场：____场　____场　____场　____场

剧：____剧　____剧　____剧　____剧

3.综合填空

　　中国近现代出现的新的戏曲音乐被称为（　　　），它既不同于传统（　　　），又有别于西洋（　　　）。20世纪中国歌剧创作的开拓者是（　　　）先生，他创作了儿童歌舞剧（　　　）《小小画家》等共12部，《白毛女》是诗、歌、舞三者融合的（　　　）新歌剧。它吸收了中国传统戏曲的表演（　　　），注意舞蹈（　　　）和念白（　　　）。

4.根据课文回答问题

（1）中国近现代出现的新的戏曲音乐被称为什么？

（2）《白毛女》是哪三者融合的民族新歌剧？

（3）《白毛女》具有什么特点呢？

（4）《白毛女》的情节吸取了民族传统戏曲中的什么方法？

（5）《白毛女》语言继承了中国戏曲的什么？

（6）《白毛女》在表演上突出了什么？

5.说一说

（1）根据对话内容，请用自己的话简单介绍一下新戏剧。

（2）根据对话内容，请用自己的话简单介绍一下《白毛女》。

▌补充词汇

1. 悲伤的　　bēishāng de；doloroso
2. 沉重的　　chénzhòng de；pesante
3. 轻快地　　qīngkuài de；leggiero
4. 富于表情　fùyú biǎoqíng；espressivo
5. 柔和　　　róuhé；dolce
6. 优雅　　　yōuyǎ；grazioso

▌拓展阅读

　　喜儿是《白毛女》的主人公，也是全剧着力塑造的反抗的农民形象。杨白劳是喜儿的父亲，是与喜儿相对照的形象。歌剧采用中国北方民间音乐的曲调，吸收了戏曲音乐及其表现手法，并借鉴西洋歌剧的创作经验，是在新秧歌运动基础上发展起来的中国第一部新歌剧。剧中的"红头绳"是音乐会上的保留曲目。

1. 塑造　　sùzào；to mold
2. 反抗　　fǎnkàng；to revolt
3. 对照　　duìzhào；to contrast
4. 形象　　xíngxiàng；image
5. 曲调　　qǔdiào；melody
6. 借鉴　　jièjiàn；to draw lessons from
7. 新秧歌　xīnyāngge；new popular rural folk dance
8. 红头绳　hóngtóushéng；red hair string
9. 保留　　bǎoliú；to continue to have

第十二课　中国歌剧（二）

📖 课文一：中国第一部抒情歌剧介绍

老师：**抒情歌剧**形成于法国，它的规模比**轻歌剧**大，但又比**大歌剧**小。

学生：老师，它是不是更重视对人物心理及情感的细致**刻画**？

老师：是的，它多采用文学名著中有关爱情的情节。

学生：哦。中国当代第一部抒情歌剧是《**伤逝**》吗？

老师：是的。这部歌剧打破了**分幕**、分场的传统戏剧结构。

学生：老师，这部歌剧是不是还巧妙地运用了春、夏、秋、冬四季的**场序**结构？

老师：对。全场只有男、女角和男、女歌者四个演员**登场**。

学生：老师，故事用**倒叙**的手法吗？

老师：对，歌剧第一场《夏》，采用男女**二重唱**、**合唱**伴唱的形式。

抒情歌剧	shūqíng gējù；*n.*；lyric opera	登场	dēngchǎng；*v.*；goon stage
轻歌剧	qīnggējù；*n.*；operetta	倒叙	dàoxù；*n.*；flashback
大歌剧	dàgējù；*n.*；grand opera	二重唱	èrchóngchàng；*n.*；duet
刻画	kèhuà；*v.*；to engrave	合唱	héchàng；*v.*；chorus
伤逝	shāngshì；*v.*；Regret For the Past, a short story by Lu Xun	伴唱	bànchàng；*v.*；to sing in accompaniment
场序	chǎngxù；*n.*；order of appearance		

歌剧男女演员演唱 1

注释

<u>比……大（小）</u>

arger（smaller）than 或 bigger（less）than

表示对比的结果。例如：这个学校的规模比那个学校小。

练一练

1. 用所给汉字完成词语

剧	幕	场	叙	唱

（　）剧　　　　　（　）幕　　　　　　场（　　）

（　）叙　　　　　（　）唱

第十二课　中国歌剧（二）

2.选择合适的词语完成句子

A 运用	B 重视	C 采用	D 打破	E 巧妙

（1）抒情歌剧多（　　　）文学名著中有关爱情的情节。

（2）抒情歌剧更（　　　）对人物心理及情感的细致刻画。

（3）这部小说（　　　）了怎样的描写手法？

（4）她（　　　）地刻画了剧中喜儿这一人物形象。

（5）抒情歌剧（　　　）了分幕、分场的传统戏剧结构。

📖 课文二：伤逝

学生：老师，《伤逝》中的主人公子君和涓生的形象如何刻画？

老师：这部歌剧广泛运用咏叹调、宣叙调、**对唱**、重唱、合唱伴唱等丰富多样的**声乐**体裁。

学生：老师，是不是一开始要用甜美、明朗、富有朝气的**嗓音**抒发子君与涓生对美好爱情的向往？

老师：对的。歌剧采用男、女二重唱、合唱伴唱的形式主要表现出**深情**和**纯真**。

学生：老师，这里的抒情男高音需要注意什么？

老师：一定要注意**细腻**而诗意的"抒情"**演唱法**。

学生：老师，那抒情女高音需要注意什么？

老师：**中高声区**一定要抒情**连贯**。

对唱	duìchàng；v.；antiphon	细腻	xìnì；adj.；delicate
声乐	shēngyuè；n.；vocality	演唱法	yǎnchàngfǎ；n.；singing method
嗓音	sǎngyīn；n.；voice	中高声区	zhōnggāo shēngqū；n.；medium-high voice range
深情	shēnqíng；adj.；affectionate		
纯真	chúnzhēn；adj.；puret	连贯	liánguàn；v.；to be coherent

歌剧男女演员的演唱 2

注释

<u>一定</u>

definitely 、must 或者 will certainly

表示坚决或确定；必定。例如：我们一定要努力学习。

练一练

1. 用所给汉字完成词语

唱	乐	音	法	区

（　　）唱　　（　　）乐　　（　　）音　　（　　）法　　（　　）区

2. 选择合适的词语完成句子

A 运用	B 体裁	C 抒发	D 一定	E 需要

（1）音乐能够（　　）人的美好感情。

（2）音乐（　　）分为两大类，即声乐和器乐。

（3）这部歌剧广泛（　　）重唱、合唱伴唱等丰富多样的形式。

（4）抒情男高音（　　）要注意"抒情"演唱法。

（5）抒情女高音在演唱上（　　）注意什么呢？

练习

1. 熟读下面的词语

抒情歌剧　喜歌剧　大歌剧　刻画　伤逝　分幕　登场　倒叙

男女二重唱　合唱伴唱　对唱　声乐　嗓音　深情　纯真　细腻
演唱法　中高声区　连贯

2. 组词

例如：曲：<u>协奏曲</u>　<u>奏鸣曲</u>　<u>交响曲</u>　<u>套曲</u>

场：____场 ____场 ____场 ____场

剧：____剧 ____剧 ____剧 ____剧

3. 综合填空

　　抒情歌剧形成于（　　　），它的规模比（　　　）大，但又比（　　　）小。它更重视对人物（　　　）及情感的细致刻画，多采用文学名著中有关（　　　）的情节。中国当代第一部抒情歌剧是（　　　）。这部歌剧打破了（　　　）、分场的传统戏剧结构，还巧妙地运用了春、夏、秋、冬四季的（　　　）结构，全场只有男、女角和男、女歌者四个演员（　　　），故事用（　　　）的手法，第一场《夏》，采用男女二重唱、（　　　）的形式。

4. 根据课文回答问题

（1）抒情歌剧的规模怎么样？

（2）中国当代第一部抒情歌剧是什么？

（3）《伤逝》第一场《夏》采用怎样的演唱形式？

（4）《伤逝》广泛运用了哪些声乐体裁？

（5）《伤逝》中抒情男高音需要注意什么？

（6）《伤逝》中抒情女高音需要注意什么？

5. 说一说

（1）根据对话内容，请用自己的话简单介绍一下抒情歌剧。

（2）根据对话内容，请用自己的话简单介绍一下中国第一部抒情歌剧《伤逝》。

▎ 补充词汇

1. 调号　　　　diàohào；key signature
2. 独唱　　　　dúchàng；to sing solo
3. 泛音　　　　fànyīn；harmonic
4. 女声　　　　nǚshēng；female voice
5. 伴唱　　　　bànchàng；to sing in accompaniment
6. 伴奏　　　　bànzòu；accompanist
7. 管风琴　　　guǎnfēngqín；pipe organ

▎ 拓展阅读

　　歌剧的声乐形式非常独特，常见的有咏叹调、二重唱、三重唱、四重唱、合唱、伴唱等；体裁样式有**正歌剧**、喜歌剧、大歌剧、**小歌剧**、**轻歌剧**、**音乐喜剧**、**室内歌剧**、**配乐剧**等。朗诵调也称为宣叙调，用来代替对白的歌唱；咏叹调由主人公演唱单独唱段；比较短小、前后用对白连接的咏叹调称为"**小咏叹调**"；介于咏叹调与宣叙调之间的歌唱形式称为咏叙调；重唱常出现在对话、叙事或激烈矛盾冲突之中，有**二重唱**、**三重唱**、**四重唱**直到八重唱；由演员一起唱歌的形式称为合唱。

1. 正歌剧　　　zhènggējù；opera seria
2. 小歌剧　　　xiǎogējù；operetta
3. 轻歌剧　　　qīnggējù；operatta
4. 音乐喜剧　　yīnyuè xǐjù；musical comedy
5. 室内歌剧　　shìnèi gējù；chamber opera
6. 配乐剧　　　pèiyuèjù；opera with background music
7. 朗诵调　　　lǎngsòngdiào；recitation tone

8. 唱段　　　chàngduàn；aria

9. 小咏叹调　xiǎo yǒngtàndiào；arietta

10. 二重唱　　èr chóngchàng；duet

11. 三重唱　　sān chóngchàng；vocal trio

12. 四重唱　　sì chóngchàng；vocal quartet

13. 八重唱　　bā chóngchàng；vocal octette

第十三课　外国民谣

📖 课文一：民歌与民谣

老师：民歌，即民间歌谣，属于民间文学的一种形式。

学生：老师，民歌属于歌曲类吗？

老师：是的。民歌是一种自发而自由的歌唱形式。

学生：老师，民歌的节奏不规整是不是也和自然的歌唱有关？

老师：对的。民歌大多保持着原始的自然形态的音乐形式。

学生：老师，民歌和民谣一样吗？

老师：民歌是带有地方性和民族色彩的传统音乐，民谣一词则带有现代意义。

学生：老师，那欧美的民谣起源于什么呢？

老师：美国民歌手伍迪·格斯里（Woody Guthrie）在20世纪50年代的唱片可以说是最早的民谣唱片录音。

学生：原来今天我们听到的用吉他、手风琴等奏出的民谣与民歌有很大不同啊！

民谣	mínyáo ; *n.* ; folk ballad		自然形态	zìrán xíngtài ; *n.* ; natural form	
民间文学	mínjiān wénxué ; *n.* ; folk literature		民歌手	míngēshǒu ; *n.* ; folk singer	
自发	zìfā ; *adj.* ; spontaneous		唱片	chàngpiàn ; *n.* ; record	
不规整	bùguīzhěng ; *adj.* ; irregular		录音	lùyīn ; *v.* ; to record	
原始的	yuánshǐde ; *adj.* ; primitive		奏出	zòuchū ; *v.* ; to play music	

民间歌谣演唱

注释

和……一样

The same as...

表示和……相同。例如：这首歌曲的伴奏和那首歌曲一样吗？

练一练

1. 用所给汉字完成词语

民	曲	自	手	片

民（　　）　　　　（　　）曲　　　　　　自（　　）

（　　）手　　　　（　　）片

2. 选择合适的词语完成句子

A 属于	B 起源	C 带有	D 奏出	E 自发

（1）劳动号子是劳动人民在劳动过程中（　　　）的情感表达。

（2）中国经典民歌都（　　　）地方特色。

（3）京剧（　　　）戏曲吗？

（4）民歌的（　　　）比较复杂。

（5）只有对曲目产生背景进行充分了解，才能（　　　）完美的曲调。

📖 课文二：乡村民谣的演唱特点

学生：老师，乡村民谣的演唱都有哪些特点呢？

老师：较多地运用演唱者**本嗓**的音色来演唱。

学生：我在听乡村民谣的时候发现演唱者带有浓重的**鼻音**。

老师：对的。一般会运用**真声**和**假声**相互**转换**和**交替**的方法来演唱。

学生：老师，真假**声区**来回自如地转换对声带有什么要求？

老师：要求**声带**放松，产生自然的音色。

学生：老师，乡村民谣听起来为什么很感人？

老师：因为**腔调**真诚，将自己的情感沉浸到了歌词的感情中。

本嗓	běnsǎng；*n.*；one's natural voice	转换	zhuǎnhuàn；*v.*；to convert
浓重的	nóngzhòngde；*adj.*；heavy	交替	jiāotì；*v.*；to alternate
鼻音	bíyīn；*n.*；nasal sound	声区	shēngqū；*n.*；vocal register
真声	zhēnshēng；*n.*；true voice	声带	shēngdài；*n.*；vocal cords
假声	jiǎshēng；*n.*；falsetto	腔调	qiāngdiào；*n.*；tune

乡村民谣演唱

注释

一般

generally

指一样、普通、总体上。例如：一般说来，这首曲目都会放在音乐会的最后。

练一练

1. 用所给汉字完成词语

民	音	声	带	调

民（　　　）　　　　　（　　　）音　　　　　　（　　　）声

（　　　）带　　　　　（　　　）调

2. 选择合适的词语完成句子

A 演唱	B 声带	C 转换	D 腔调	E 沉浸

（1）以唱的方式来表演就是（　　　）。

（2）她（　　　）在欣赏优美的音乐中。

（3）他用老师的（　　　）讲这个问题。

（4）民谣演唱要求（　　　）放松，产生自然的音色。

（5）这首歌的演唱技巧是真声和假声相互（　　　）。

练习

1. 熟读下面的词语

民谣　民间文学　歌曲类　自发　不规整　原始的　自然形态
民族色彩　民歌手　唱片　录音　奏出　乡村民谣　本嗓　鼻音　真声
假声　转换　交替　声区　声带　腔调

2. 组词

例如：曲：<u>协奏曲</u>　<u>奏鸣曲</u>　<u>交响曲</u>　<u>套曲</u>

声：____声　____声　____声　____声

调：____调　____调　____调　____调

3. 综合填空

　　民歌，即民间歌谣，属于（　　　）。民歌是一种（　　　）而自由的歌唱
形式，民歌大多保持着（　　　）自然形态的音乐形式。民歌是带有地方性
和（　　　）的传统音乐，民谣一词则带有（　　　）。美国民歌手伍迪·格斯
里在 20 世纪 50 年代的唱片可以说是最早的（　　　）唱片录音。原来今天
我们听到的用（　　　）、手风琴等奏出的民谣与民歌有很大不同啊！

4. 根据课文回答问题

（1）什么是民歌？

（2）民歌大多保持着怎样的音乐形式？

（3）民歌和民谣一样吗？

（4）乡村民谣的演唱都有哪些特点？

（5）乡村民谣一般会运用什么方法来演唱？

（6）乡村民谣听起来为什么很感人？

5. 说一说

　　根据对话内容，请用自己的话简单介绍一下乡村民谣。

▊ 补充词汇

1. 声部　　shēngbù；part（in concerted music）
2. 声带　　shēngdài；vocal cords
3. 头腔声　tóuqiāngshēng；head voice
4. 中间声　zhōngjiānshēng；middle voice
5. 胸声　　xiōngshēng；chest voice
6. 练声曲　liànshēngqǔ；vocalise

▊ 拓展阅读

　　声区（vocal register）是音乐术语。一般人声分三个声区，即低音部的**胸声区**、中音部的**中声区**和高声部的**头声区**。每个声区的音色各不相同，胸声区较**浑厚**，中声区较**柔和**，头声区较**明亮**。中声区也可称作混声区（mixed register)。在低音向高音过渡时，必经中声区，为了高、低**衔接**没有**裂痕**，在歌唱中自然出现了一种衔接区特有的非常艺术性的声区。它的共鸣调节大部分在**鼻咽腔和喉咽腔**。

1. 低音部　dīyīnbù；basses
2. 胸声区　xiōngshēngqū；chest voice register
3. 中音部　zhōngyīnbù；alto
4. 中声区　zhōngshēngqū；medium register
5. 高声部　gāoshēngbù；high voice
6. 头声区　tóushēngqū；head voice register
7. 浑厚　　húnhòu；deep and resonantt
8. 柔和　　róuhé；soft
9. 明亮　　míngliàng；bright

10. 衔接　　xiánjiē；to link up

11. 裂痕　　lièhén；rift

12. 鼻咽腔　bíyānqiāng；nasopharynx cavity

13. 喉咽腔　hóuyānqiāng；laryngopharyngeal cavity

第十四课　中国民歌

📖 课文一：中国民歌分类

老师：民歌是我国民族民间音乐的一种。

学生：老师，民歌主要分为几类呢？

老师：民歌按音乐体裁来分，有**劳动号子**、**山歌**、**小调**三类。

学生：老师，劳动号子与劳动有关吗？

老师：是的，它伴随着劳动节奏歌唱，曲调比较固定，歌词比较单一。

学生：老师，山歌是在山上唱的歌？

老师：在户外唱的歌都包括在内，它的曲调**高亢嘹亮**，歌词多为即兴创作。

学生：老师，那怎样理解小调？

老师：小调指流行于城镇集市的民间歌舞小曲，曲调**细腻婉柔**，有固定的**唱词和唱本**。

学生：民歌《绣荷包》属于小调吗？

老师：对的。

音乐体裁	yīnyuè tǐcái；n.；musical genre	嘹亮	liáoliàng；adj.；(of sound) loud and clear
劳动号子	láodòng hàozi；n.；work chant	细腻	xìnì；adj.；exquisite
山歌	shāngē；n.；folk songs while working in the fields mountains	婉柔	wǎnróu；adj.；gentle
		唱词	chàngcí；n.；libretto
小调	xiǎodiào；n.；ditty	绣荷包	xiùhébāo；n.；Embroidering Pouch
高亢	gāokàng；adj.；loud and sonorous		

手绣荷包

注释

按……来分

categorize by，classify according to 或者 divide based on

表示按照某种规则进行分类。例如：按照现代音乐的调式划分，有小调和大调两种。

练一练

1. 用所给汉字完成词语

歌　调　民　唱　创

（　　）歌　　　　　　（　　）调　　　　　　民（　　）

（　　）唱　　　　　　创（　　）

2. 选择合适的词语完成句子

A 分为　　　B 固定　　　C 曲调　　　D 唱本　　　E 包括

（1）劳动号子的曲调一般都比较（　　）。

（2）民歌按音乐体裁划分，可以（　　）哪几类？

（3）山歌的（　　）高亢嘹亮。

（4）山歌不单单是指在山上唱的歌，只要是在户外唱的歌都（　　）在内。

（5）小调是有固定的（　　）和唱词的民间歌舞小曲。

📖 课文二：茉莉花

老师：今天我们学习一首江苏民歌《茉莉花》。我们先来做**气息**练习。

学生：老师，是不是要练习**急吸慢呼**和**急吸急呼**？

老师：对的。接下来我们来做**发声**练习，注意打开**口腔**，提起**上颚**。

学生：老师，如何练习**换气**呢？

老师：换气时一定要**缓吸缓呼**，气息均匀，注意体会**头腔共鸣**。

学生：老师，演唱上有什么要求呢？

老师：用纯正甜美的声音有表情地演唱。

学生：明白了，我会按照要求多加练习。

茉莉花	mòlìhuā；*n.*；jasmine flower	口腔	kǒuqiāng；*adj.*；oral cavity
气息	qìxī；*v.*；breath	上颚	shàngè；*n.*；upper jaw
急吸慢呼	jíxī mànhū；*v.*；rapid inhalation and slow breath	换气	huànqì；*v.*；to take a breath
急吸急呼	jíxī jíhū；*v.*；rapid inhalation and rapid breath	缓吸缓呼	huǎnxī huǎnhū；*v.*；slow inhalation and slow breath
发声	fāshēng；*v.*；vocalize	头腔共鸣	tóuqiāng gòngmíng；*n.*；head resonance

茉莉花

注释

首先……然后……

firstly ...then...

表示事情完成的顺序。例如：制作小卡片，首先准备好工具，然后按设计要求画图画。

练一练

1. 用所给汉字完成词语

气 吸 呼 腔 区

气（   ）   （   ）吸   （   ）呼

（   ）腔   （   ）区

2. 选择合适的词语完成句子

A 打开   B 发声   C 体会   D 均匀   E 表情

（1）一般把人对某种事物的体验领会称为（   ）。

（2）做发声练习时，要注意（   ）口腔。

（3）民歌演唱需要加强（   ）练习。

（4）换气方面一定是缓吸缓呼，气息要（   ）。

（5）演唱时不仅要注意发声，也要注意（   ）。

练习

1. 熟读下面的词语

音乐体裁　劳动号子　山歌　小调　曲调　高亢　嘹亮　即兴创作
细腻　婉柔　唱词　唱本　绣荷包　茉莉花　气息　急吸慢呼　急吸急呼
发声　口腔　上颚　换气　缓吸缓呼　头腔共鸣　表情

2. 组词

例如：曲：协奏曲　奏鸣曲　交响曲　套曲

调：＿＿调　＿＿调　＿＿调　＿＿调

吸：＿＿吸　＿＿吸　＿＿吸　＿＿吸

3. 综合填空

民歌是我国民族（　　　）音乐的一种。按（　　　）体裁来分，有劳动号子、（　　　）、小调三类。劳动号子伴随着劳动（　　　）歌唱，曲调比较（　　　），歌词比较（　　　）。山歌是在户外歌唱，它的曲调（　　　）嘹亮，歌词多为（　　　）创作。小调指流行于城镇集市的民间歌舞（　　　），曲调（　　　）婉柔，有固定的唱词和（　　　），民歌《茉莉花》属于（　　　）。

4. 根据课文回答问题

（1）民歌按音乐体裁可以分为几类？

（2）什么是劳动号子？

（3）什么是山歌？

（4）演唱《茉莉花》需要做怎样的发声练习？

（5）演唱《茉莉花》需要做怎样的换气练习？

（6）演唱《茉莉花》要用怎样的声音演唱？

5. 说一说

（1）根据对话内容，请用自己的话简单介绍一下中国民歌。

（2）根据对话内容，请用自己的话简单介绍一下如何练习演唱《茉莉花》。

▍补充词汇

1. 高腔山歌　gāoqiāng shāngē；high-pitched folk song
2. 鼻腔共鸣　bíqiāng gòngmíng；nasal resonance
3. 口腔共鸣　kǒuqiāng gòngmíng；oral resonance
4. 胸腔共鸣　xiōngqiāng gòngmíng；chest resonance
5. 共鸣腔体　gòngmíng qiāngtǐ；resonance cavite
6. 如歌　　　rúgē；cantabile

▍拓展阅读

　　小调分为**吟唱调**、**谣曲**、**时调**三类。吟唱调，如儿歌、摇篮曲、**叫卖调**等都属于此类，这是小调中实用性较强的一类。谣曲，其艺术形式比吟唱调成熟，篇幅不大，**乐段**结构完整，**节拍**比较规范，可分为**苦情歌**、情歌、生活歌、**嬉游歌**等。时调，是小调中艺术形式发展得最为规范和成熟的一类。其结构严谨，旋律发展规范，唱词**考究**，常带有乐器伴奏，且因它具有变化发展的"**弹性化**"表现功能，常被地方戏曲或曲艺吸收为曲牌，如鲜花调、绣荷包调等。

1. 吟唱调　　yínchàngdiào；chanting verse
2. 谣曲　　　yáoqǔ；ballad
3. 时调　　　shídiào；current popular folk tunes
4. 叫卖调　　jiàomàidiào；peddling song
5. 乐段　　　yuèduàn；period
6. 节拍　　　jiépāi；metre
7. 苦情歌　　kǔqínggē；bitter love song
8. 嬉游歌　　xīyóugē；divertimento

9. 考究　　kǎojiū；to observe and study

10. 弹性化　tánxìnghuà；elasticized

11. 曲牌　　qǔpái；the name of a qu tune

第十五课　中国民歌演唱技巧（一）

📖 课文一：气息的运用

老师：唱好一首歌曲必须合理掌握气息。

学生：老师，怎样练习气息呢？

老师：先要注意**慢吸缓呼**。

学生：老师，是不是**身心放松**去呼吸。

老师：对，要求身体自然地放松，就像我们去闻花香时的感觉一样。

学生：老师，怎样练习**快吸缓呼**？

老师：有些曲目不允许有很长的**停顿**时间，这就需要快吸缓呼。

学生：老师，怎样练习快吸缓呼？

老师：通过口、鼻把气息**急促**而深入地吸到肺部下方，并将气息保持住，然后按照缓呼的要求呼出。

学生：老师，为什么我总是感觉气不够用？

老师：练习时要加强"吸气"的**力度**和**深度**。

慢吸缓呼	mànxī huǎnhū；v.；slow inhalation and slow breath	停顿	tíngdùn；v.；to pause
身心	shēnxīn；v.；body and mind	急促	jícù；n.；hurried
		吸气	xīqì；v.；inhale
放松	fàngsōng；v.；to relax	力度	lìdù；n.；strength
快吸缓呼	kuàixī huǎnhū；v.；rapid inhalation and slow breath	深度	shēndù；n.；depth

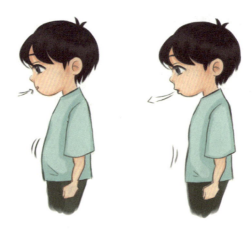

吸气和吐气示意图

注释

像……一样

    like 或 as

    表示比喻。例如：她笑起来像春天的花儿一样。

练一练

1. 用所给汉字完成词语

吸	呼	度	气	停

（   ）吸　　　　（   ）呼　　　　　　（   ）度

气（   ）　　　　停（   ）

2. 选择合适的词语完成句子

| A 掌握 | B 放松 | C 允许 | D 急促 | E 加强 |

（1）慢吸缓呼要求身体自然（　　　）。

（2）吸气练习时要（　　　）"吸"的力度和深度

（3）快吸缓呼是通过口、鼻把气息（　　　）而深入地吸到肺部下方。

（4）有些曲目不（　　　）有很长的停顿时间。

（5）唱好民歌必须合理（　　　）气息。

📖 课文二：咬字吐字

老师：唱好一首民歌先要注意**咬字吐字**。

学生：老师，什么是歌唱中的咬字？

老师：其实就是把字头的**声母**唱得短、轻、准。

学生：老师，什么是歌唱中的吐字？

老师：简单地说，就是让**韵母**在歌唱时占**时值**较长，**响度**最大。

学生：老师，有一些**复韵母**的字在演唱时如何处理**字尾**？

老师：要很好地注意**收音**，响度要适中。

学生：老师是不是收音即停？

老师：对的，一定要收得自然。

学生：现在我理解了，声乐艺术是音乐与语言结合的综合艺术。

咬字	yǎozì；*v.*；enunciate	时值	shízhí；*adj.*；duration
吐字	tǔzì；*v.*；articulate	响度	xiǎngdù；*n.*；loudness
声母	shēngmǔ；*n.*；initial consonant（of a Chinese syllable）	复韵母	fùyùnmǔ；*n.*；compound final
		字尾	zìwěi；*n.*；suffix
韵母	yùnmǔ；*n.*；simple or compound vowel（of a Chinese syllable）	收音	shōuyīn；*v.*；have good acoustics

sì hé shí
四 和 十

sì shì sì　shí shì shí
四是四，十是十。

shí sì shì shí sì　sì shí shì sì shí
十四是十四，四十是四十。

shí sì bú shì sì shí　sì shí bú shì shí sì
十四不是四十，四十不是十四。

《四和十》绕口令

注释

占

occupy 或 take up

作动词，表示占据、拥有。例如：农场占地一万余亩。

练一练

1. 用所给汉字完成词语

字	声	母	时	乐

（　　）字　　　　声（　　）　　　　　　（　　）母

时（　　）　　　　（　　）乐

2. 选择合适的词语完成句子

A 注意	B 处理	C 理解	D 自然	E 咬字

（1）在演唱时如何（　　）字尾呢？

（2）注意收音，是指收得（　　）。

（3）要从语言和音乐结合的角度（　　）声乐艺术。

（4）有一些复韵母的字在演唱时要（　　）收音。

（5）唱好一首民歌首先要注意（　　）吐字。

练习

1. 熟读下面的词语

慢吸缓呼　身心放松　快吸缓呼　急促　保持　力度　深度　咬字　吐字
声母　韵母　时值　响度　复韵母　字尾　收音　适中　声乐艺术

2. 组词

例如：曲：<u>协奏曲</u>　<u>奏鸣曲</u>　<u>交响曲</u>　<u>套曲</u>

度：____度 ____度 ____度 ____度

母：____母 ____母 ____母 ____母

3. 综合填空

　　唱好一首歌曲必须合理掌握（　　　）。练习气息先要注意（　　　）缓
呼。要求身体自然地（　　　）。有些曲目不允许有很长的（　　　）时间，
这就需要（　　　）缓呼。练习快吸缓呼是通过口、鼻把（　　　）急促而深
入地吸到肺部下方，并将气息（　　　）住，然后按照（　　　）的要求呼
出。练习时要加强"吸"的（　　　）和深度。

4. 根据课文回答问题

（1）唱好一首歌曲必须合理掌握什么？

（2）怎样练习气息呢？

（3）怎样练习快吸缓呼？

（4）什么是歌唱中的咬字？

（5）什么是歌唱中的吐字？

（6）在演唱时如何处理字尾？

5. 说一说

（1）根据对话内容，请用自己的话简单介绍一下民歌演唱中的气息练习。

（2）根据对话内容，请用自己的话简单介绍一下民歌演唱中的咬字吐字。

▍补充词汇

1. 雄伟　　　　　xióngwěi ; grandioso

2. 自豪　　　　　zìháo ; baldanzoso

3. 热情洋溢　　　rèqíng yángyì ; appassionato

4. 精力充沛　　　jīnglì chōngpèi ; fresh

5. 充满激情　　　chōngmǎn jīqíng ; agitato

▍拓展阅读

　　咬字吐字，是中国传统**唱论**对歌唱语言**发声**技术的专门称谓。咬字指正确的声母发音，吐字指正确的韵母发音。咬字吐字合在一起，构成歌唱语言的**发音**技巧。一般人不经过声乐语言专门训练，处于无意识的自然发音状态，咬字准确程度不够且缺乏**口劲**，唱出的语音**轻飘无力**，导致声音没有**质感**。要正确地发出声母，最重要的是发音的**着力点**必须准确，也就是唇、齿、牙、舌、喉的"五音"要正确，当声母咬对后，还要通过"开、齐、撮、合"等不同**口形**和用力方法，把"韵母"吐出来，这叫"四呼"。

1. 唱论　　chànglùn ; singing theory

2. 发声　　fāshēng ; to practise vocalization

3. 发音　　fāyīn ; pronunciation

4. 口劲　　kǒujìn ; the strength in your mouth

5. 轻飘　　qīngpiāo ; light

6. 无力　　wúlì ; to be powerless

7. 质感　　zhìgǎn ; sound texture

8. 着力点　zhuólìdiǎn ; concentrate on the point

9. 五音　　wǔyīn；five notes of the ancient Chinese pentatonic scale

10. 口形　　kǒuxíng；the degree of lip-rounding when making a sound

11. 四呼　　sìhū；of traditional Chinese rhyming the four categories of rhyming vowels

12. 合口呼　hékǒuhū；(of traditional Chinese rhyming) closed mouth

13. 撮口呼　cuōkǒuhū；class of syllables with ü as the final（韵母）or a final beginning with ü

第十六课　中国民歌演唱技巧（二）

📖 课文一：唱腔

老师：运用好唱腔是歌唱成功的要点。

学生：老师，在具体的练习中要注意什么？

老师：当唱腔强时要**豪放**有力，当唱腔弱时要**轻微**细致。

学生：老师，具体在练习时怎么做呢？

老师：音色方面，讲究明亮；口腔方面，讲究明显共鸣；呼吸方面，讲究气运丹田。

学生：老师，怎样理解气运丹田？

老师：把气向下运到丹田的位置。

学生：老师，唱腔的练习是不是特别强调**传神**？

老师：对的，如《**大红公鸡毛腿腿**》，中间唱腔较快，不能**换气**，演唱时需要把公鸡可爱**诙谐**的模样表达出来。

学生：老师，这么说唱腔的练习需要和气息的练习结合在一起。

老师：对的，练习时还要注意中国民歌唱腔的特点。

唱腔	chàngqiāng；*n.*；melodies in Chinese operas	丹田	dāntián；*n.*；the four acupoints below the navel
豪放	háofàng；*adj.*；bold and unconstrained	传神	chuánshén；*adj.*；vivid
轻微	qīngwēi；*adj.*；slight	换气	huànqì；*v.*；to take a breath
细致	xìzhì；*adj.*；meticulous	诙谐	huīxié；*adj.*；humorous
口腔	kǒuqiāng；*n.*；oral cavity	气息	qìxī；*n.*；breath
共鸣	gòngmíng；*n.*；resonance		

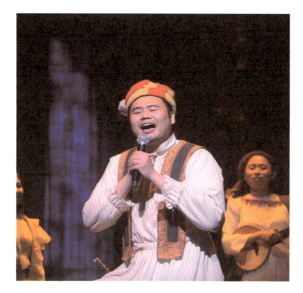

民歌演员演唱

注释

1. 当……时

　　表示当……的时候。例如：当取得好成绩时，不要骄傲。

练一练

1. 用所给汉字完成词语

腔	作	气	歌	样

（   ）腔　　　　　　（   ）作　　　　　　气（   ）

（   ）歌　　　　　　（   ）样

2. 选择合适的词语完成句子

A 要点	B 具体	C 位置	D 传神	E 结合

（1）唱腔的练习特别强调（   ）。

（2）唱腔的练习需要和气息的练习（   ）在一起。

（3）在（   ）的唱腔练习中要注意什么呢？

（4）运用好唱腔是歌唱成功的（   ）。

（5）气运丹田是指把气向下运到丹田的（   ）。

📖 课文二：形体表演

老师：声乐演员上台需要"精、气、神"。

学生：老师，是不是要讲究一上场的**台步**和**身段**？

老师：是的。歌唱艺术的核心是情感，艺术的魅力在于表现情感。

学生：老师，是不是要求演唱中塑造**艺术形象**。

老师：是的，如演唱《**牧歌**》需要表演出**陶醉**在美丽的草原景色的情感。

学生：老师，是不是要将演唱与**表演**结合起来。

老师：对的，声乐演员的**唱功**和高超的表演技艺应该结合在一起。

学生：老师，声乐演员在表演上也需要**下功夫**。

形体	xíngtǐ；*n.*；figure	艺术形象	yìshù xíngxiàng；*n.*；artistic image
声乐	shēngyuè；*n.*；vocal music	牧歌	mùgē；*n.*；pastoral
上场	shàngchǎng；*v.*；to appear on the stage	陶醉	táozuì；*adj.*；intoxicated
台步	táibù；*n.*；theatrical stage walk	表演	biǎoyǎn；*v.*；to perform
身段	shēnduàn；*n.*；dancer's posture	唱功	chànggōng；*n.*；singing skill
魅力	mèilì；*n.*；charm	下功夫	xiàgōngfu；*v.*；to put in time and energy

舞蹈演员跳舞

▌注释

被字句

　　"被"字句是指在核心动词前面，用介词"被（给、叫、让）"引出施事或单用"被"表示被动的主谓句。它是受事主语的一种。基本的结构为：宾语＋"被"＋主语＋动作。例如：她被草原美丽的景色所吸引。

下功夫

　　"功夫"多指付出许多时间和精力的意思。例如：在学习钢琴演奏技巧时她是真的下功夫了。

▌练一练

1. 用所给汉字完成词语

台	身	唱	力	艺

台（　　）　　　　　身（　　）　　　　　　唱（　　）

（　　）力　　　　　（　　）艺

2. 选择合适的词语完成句子

A 需要	B 讲究	C 核心	D 塑造	E 高超

（1）声乐演员上台（　　）"精、气、神"。

（2）歌唱艺术的（　　）是情感。

（3）声乐演员的唱功和（　　）的表演技艺应该结合在一起。

（4）声乐演员在演唱中要（　　）艺术形象。

（5）声乐演员上台（　　）台步和身段。

▌练习

1. 熟读下面的词语

唱腔　豪放　有力　轻微　细致　口腔　气运丹田　传神

大红公鸡毛腿腿　换气　诙谐　独腔韵　对腔韵　帮腔调　声乐演员

台步　身段　艺术形象　陶醉　表演　唱功

2. 组词

例如：曲：<u>协奏曲</u>　<u>奏鸣曲</u>　<u>交响曲</u>　<u>套曲</u>

腔：____腔　____腔　____腔　____腔

唱：____唱　____唱　____唱　____唱

3. 综合填空

　　正确地运用好（　　）是歌唱成功的要点。当唱腔强时要（　　）有力，当唱腔弱时要（　　）细致。音色方面，讲究（　　）；口腔方面，讲究明显（　　）；呼吸方面，讲究（　　）。唱腔的练习特别强调（　　），如《大红公鸡毛腿腿》，中间唱腔较快，不能（　　），演唱时需要把公鸡可爱（　　）的模样表达出来。唱腔的练习需要和（　　）的练习结合在一起，练习时还要注意中国民歌唱腔的（　　），如独腔韵、对腔韵、（　　）等。

4. 根据课文回答问题

（1）正确地运用好什么是歌唱成功的要点？

（2）怎样理解气运丹田？

（3）唱腔的练习需要和什么的练习结合在一起呢？

（4）声乐演员一上场讲究什么？

（5）声乐演员上场时需要塑造什么？

（6）声乐演员的唱功要和什么结合在一起？

5.说一说

根据对话内容，请用自己的话简单介绍声乐演员在练习时需要注意什么。

▎补充词汇

1.情节　qíngjié；plot

2.序幕　xùmù；prologue

3.布景　bùjǐng；scenery

4.排演　páiyǎn；rehearse

5.道具　dàojù；properties

6.后台　hòutái；back stage

7.剧团　jùtuán；troupe

▎拓展阅读

　　口腔共鸣是声音从**喉咙**发出后的第一个共鸣区域，它是歌唱非常重要的部分，是胸腔共鸣和头腔共鸣的基础。发声时，口腔自然上下打开，要使口腔中的各有关部分自然地松开，以使咽、**喉**、腔通畅，这样才会获得良好的**共鸣**效果。胸腔共鸣，一般在较低的**声部**运用较多，练习时一定要注意松弛，千万不能过分地追求共鸣而**压迫喉头**。头腔共鸣常被称为**头声**，它是人们声音中最具有魅力色彩的成分。它使声音明亮**辉煌**且**穿透力**强，尤其是在高音声部，几乎决定了声音的质量。

1.口腔共鸣　　　kǒuqiāng gòngmíng；oral resonance

2.喉咙　　　　　hóulóng；throat

3.胸腔共鸣　　　xiōngqiāng gòngmíng；chest resonance

4.头腔共鸣　　　tóuqiāng gòngmíng；head cavity resonance

5. 咽　　　　　yān；pharynx

6. 喉　　　　　hóu；larynx

7. 共鸣效果　　gòngmíng xiàoguǒ；resonance effect

8. 声部　　　　shēngbù；part (in concerted music)

9. 松弛　　　　sōngchí；slack

10. 压迫　　　　yāpò；to oppress the larynx

11. 辉煌　　　　huīhuáng；brilliant

12. 穿透力　　　chuāntòulì；penetration